BIGFRIENDS NÄHEN

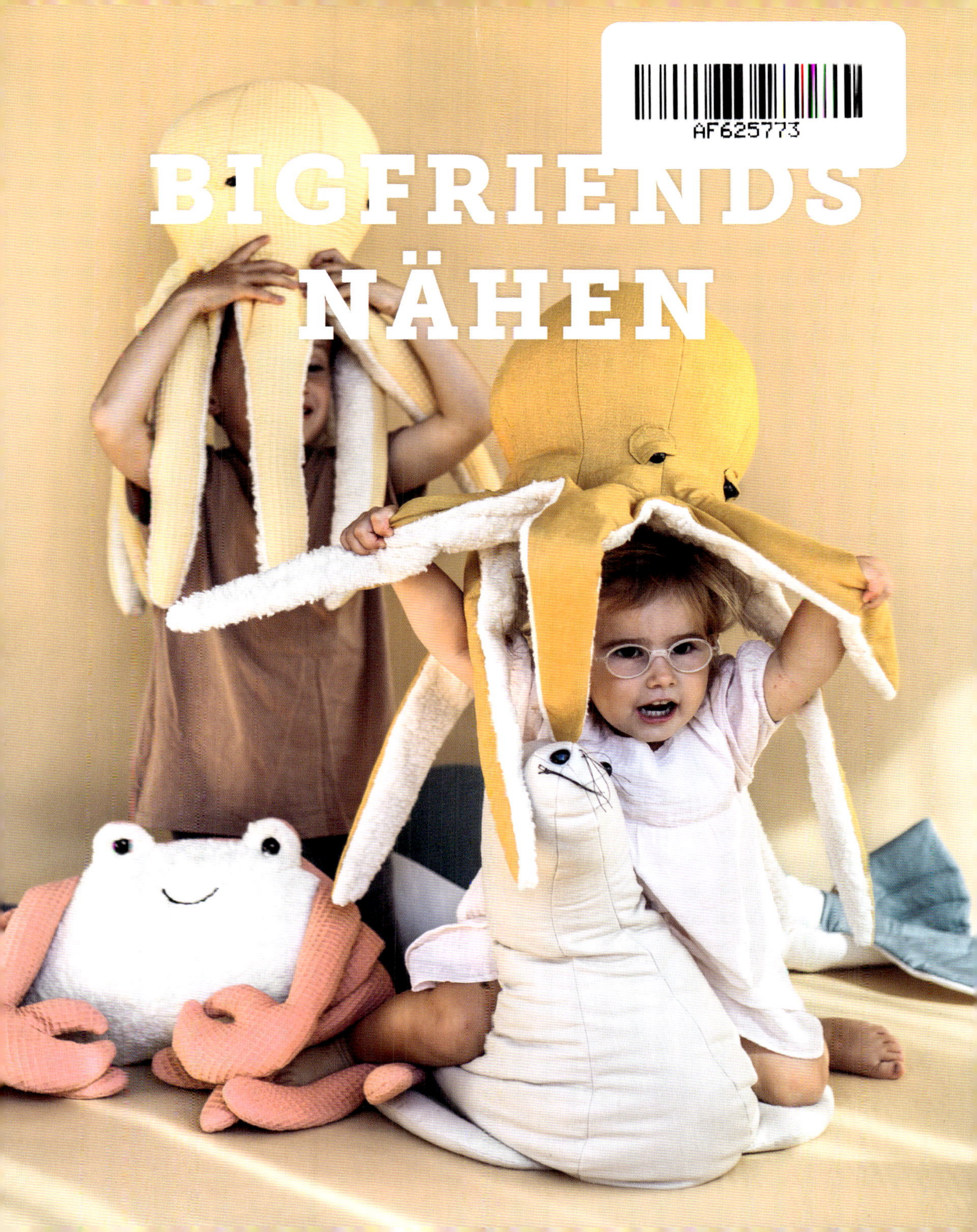

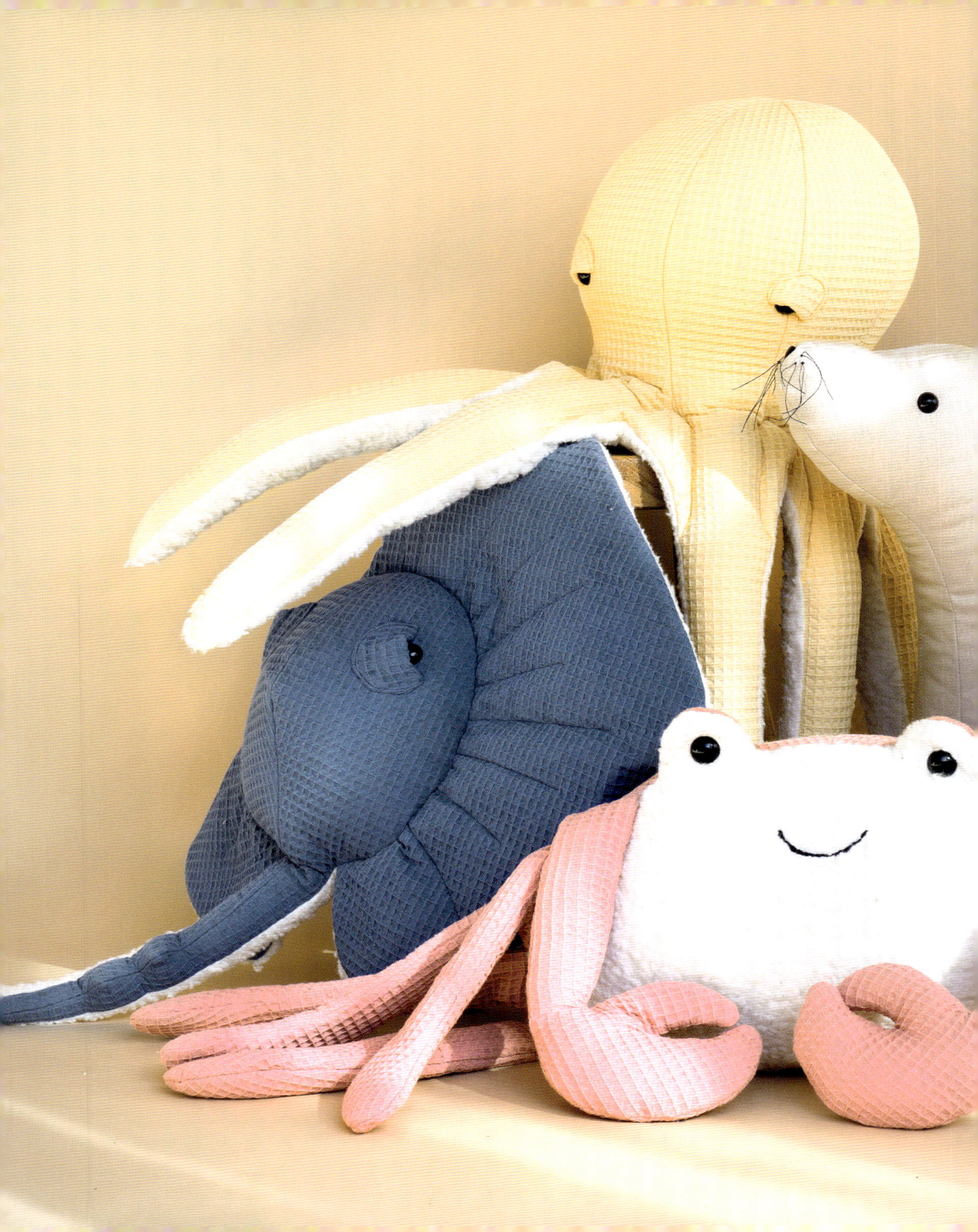

Franziska Lange

BIGFRIENDS NÄHEN

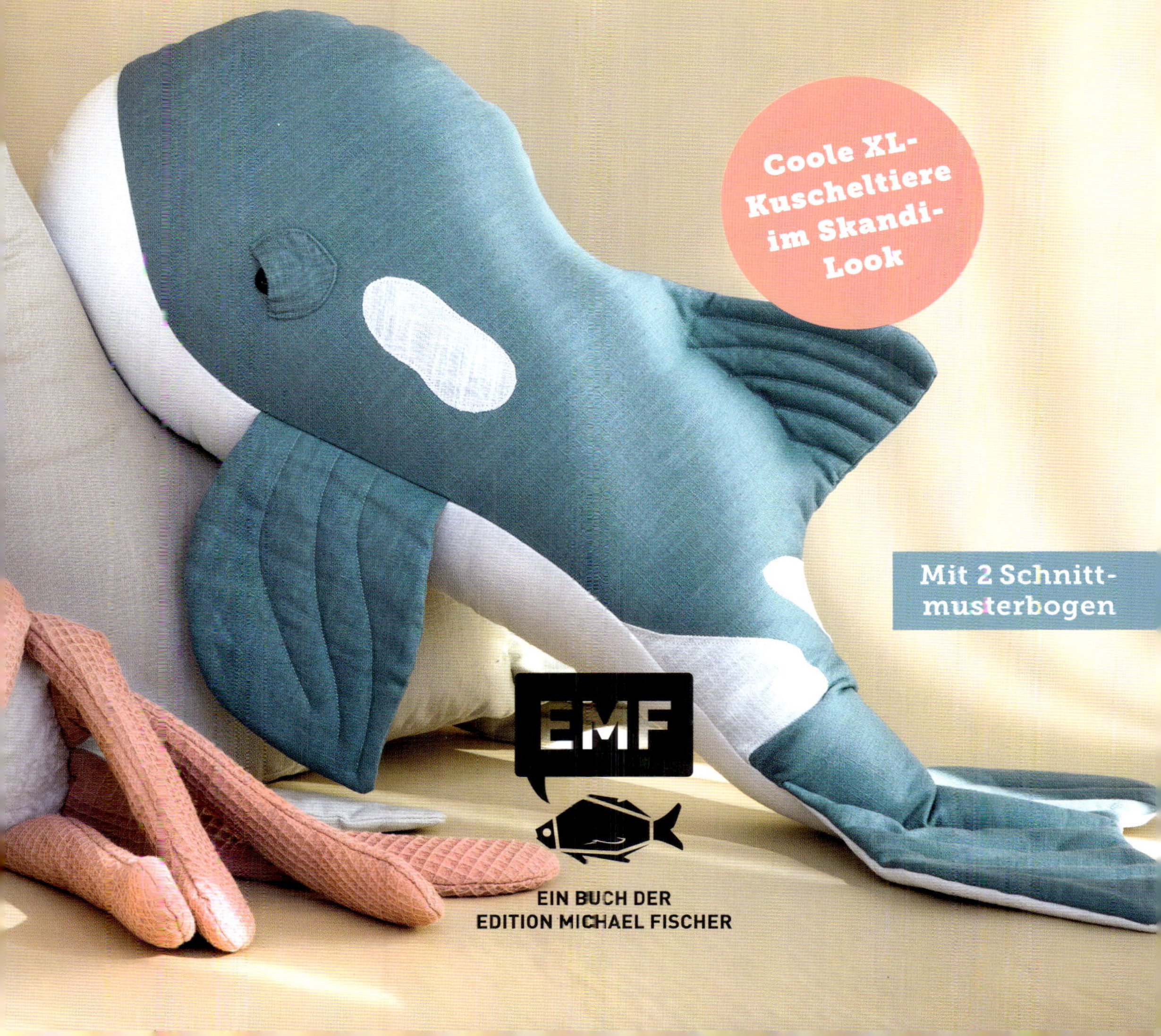

Coole XL-Kuscheltiere im Skandi-Look

Mit 2 Schnittmusterbogen

EMF

EIN BUCH DER EDITION MICHAEL FISCHER

Inhalt

GRUNDLAGEN

PROJEKTE

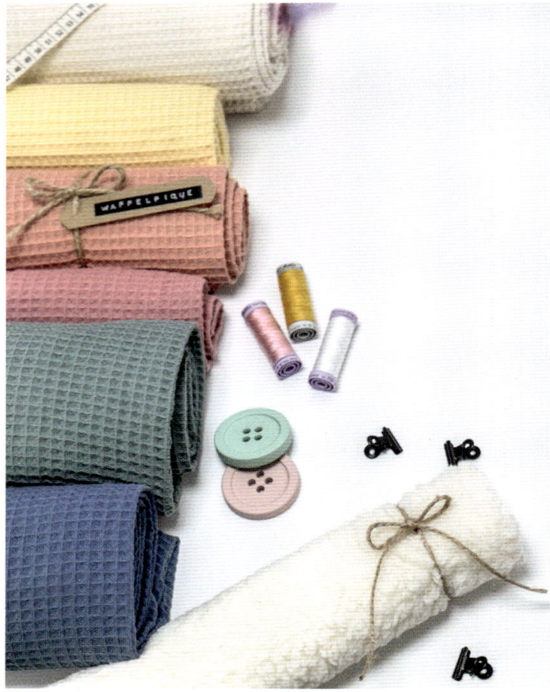

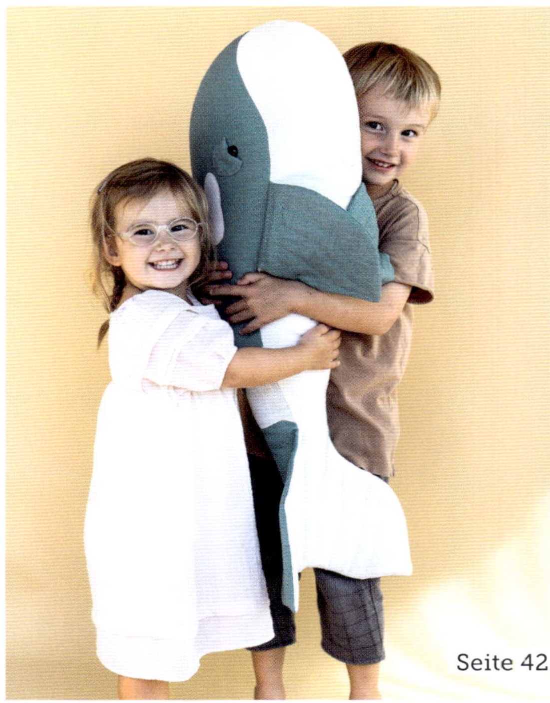

Seite 42

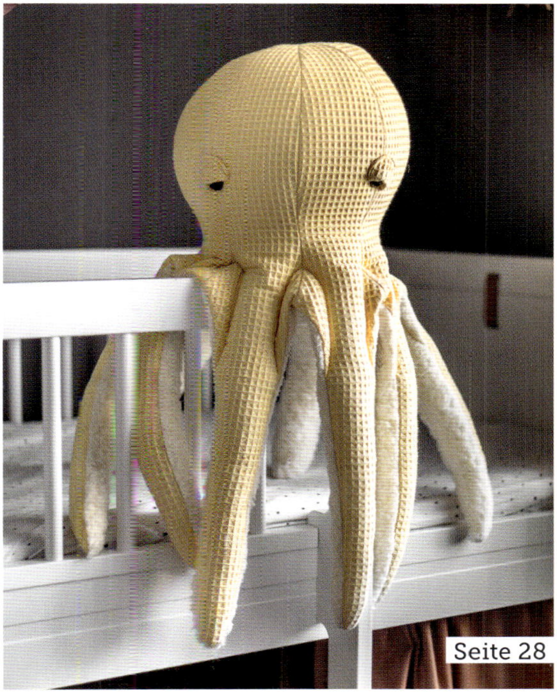
Seite 28

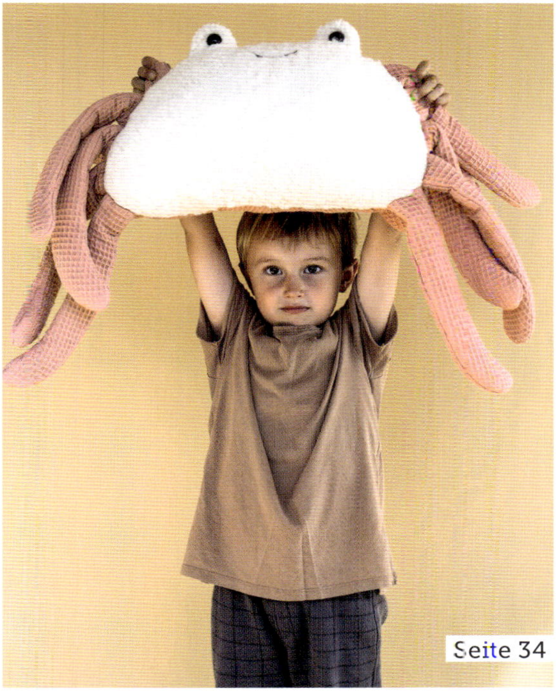
Seite 34

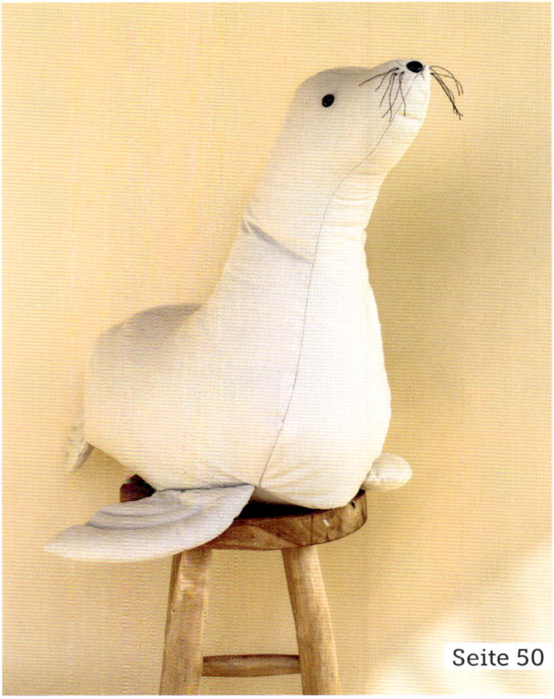
Seite 50

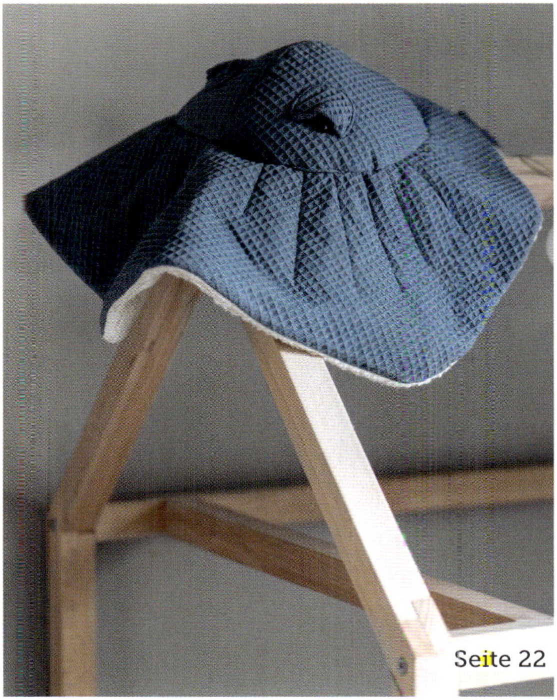
Seite 22

Vorwort

AUS DEM NÄHKÄSTCHEN …

Kennst du dieses Gefühl, wenn in deinen Händen etwas Besonderes entsteht? Dann kribbelt es im Bauch und zaubert ein Lächeln aufs Gesicht. Erst recht, wenn es Kuschelfreunde sind, die sonst keiner hat!

Weil ich dieses Gefühl liebe, entwerfe ich in meiner Nähwerkstatt Anleitungen zum Selbernähen. Die Ideen zu meinen Schnittmustern spazieren mir im Alltag über den Weg – und manchmal schwimmen sie sogar, so wie die kleine Krabbe im Urlaub in Schweden. Sie stand Pate für ihre große Schwester im XL-Format und weckte die Lust, gleich eine ganze Bande „Big Friends“ zu entwerfen.

Apropos Größe: Wundere dich nicht, warum die Tiere in den Anleitungsbildern hier im Buch vergleichsweise klein wirken. Sie sind es auch. Denn wer stattliche 85 cm misst, wie der Orca, passt kaum noch vor meine Kameralinse. Hier war ein bisschen Tricksen nötig. Für die Produktion der Anleitungsbilder sind die Buchmodelle deshalb geschrumpft. Keine Bange, wenn du sie nähst, behalten sie ihre stattliche Größe – einfach zu nähen sind sie trotzdem.

Damit das klappt, gibt es einen ausführlichen Grundlagenteil, ganz ohne „du musst“ und ganz viel „du kannst“. Ich zeige dir, wie ich es mache und wünsche dir von Herzen dieses Kribbeln im Bauch, das immer dann entsteht, wenn deine Hände etwas ganz Besonderes erschaffen.

Deine Franziska
alias von Lange Hand

Nutz bei Instagram den Hashtag #bigfriendsvonlangehand und zeige deine Werke.

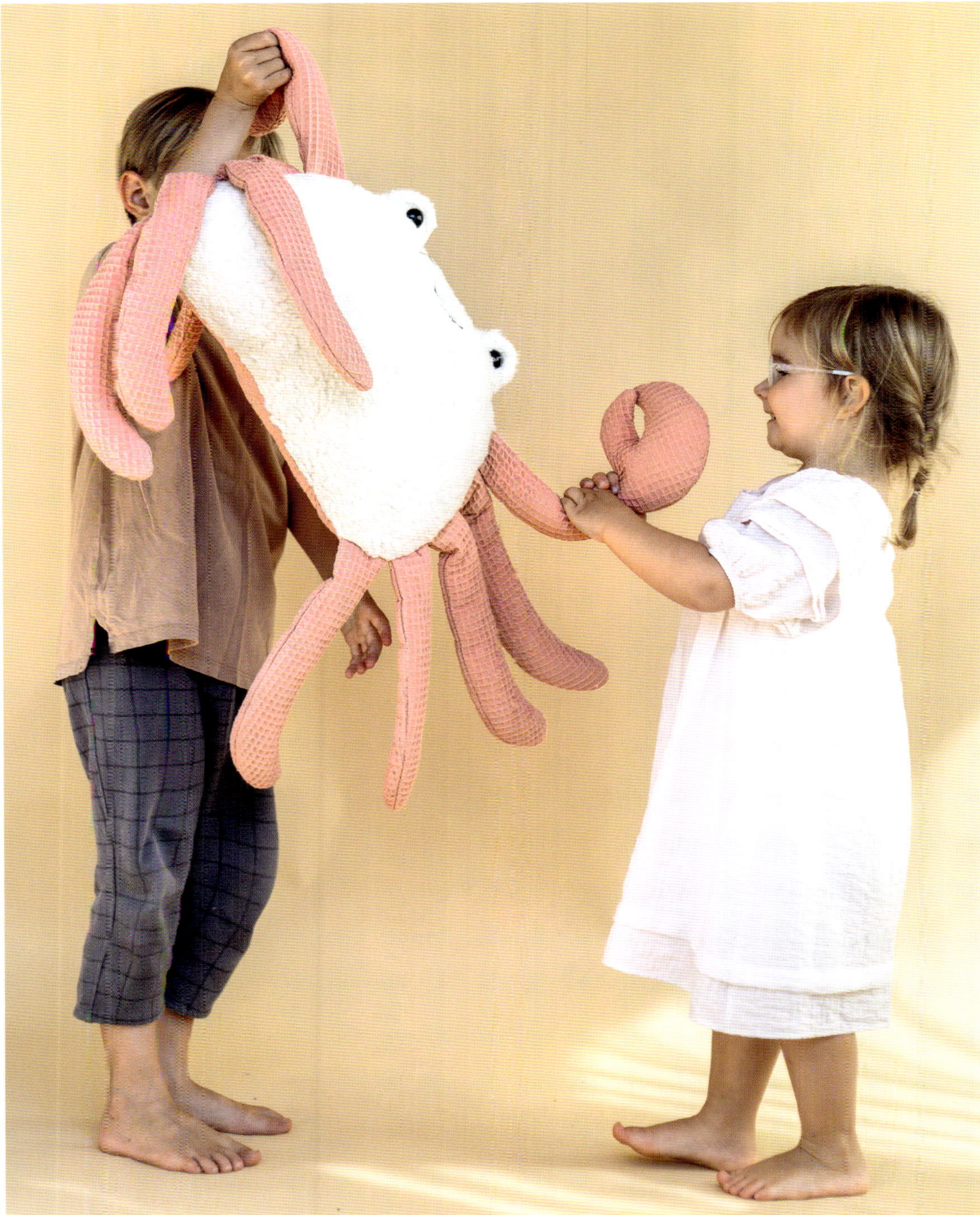

GRUND-LAGEN

Der Weg ist das Ziel – beim Nähen gilt das umso mehr. Es ist nicht allein das fertige Projekt, das so ein wunderbares Gefühl von Zufriedenheit auslöst. Schon das Streicheln des Stoffes, das Festlegen der Farben und das vorfreudige Kribbeln beim Zuschneiden entschleunigt und macht einfach glücklich. Das Tolle daran: Kein Weg ist gleich und jedes Nähen wieder neu. Das ist auch bei den Nähtechniken so. Wie bei allen handwerklichen Dingen gibt es beim Nähen Techniken, die „schon immer" gelten. Viele davon sind wahre Helfer und trotzdem darfst du frei sein, sie so anzupassen und abzuwandeln, wie sie für dich passen. Es gibt kein richtig oder falsch. Im Grundlagenteil sind deshalb Methoden vorgestellt, die vielleicht in keiner Maßschneiderei zum Einsatz kommen, mit denen du aber einfach und unkompliziert ans Ziel kommst. Fühl dich frei, es dir beim Nähen einfach zu machen!

Materialempfehlungen

STOFFE

Die Modelle im Buch sind auf Stoffe aus Naturmaterialien ausgelegt, wie Waffelpiqué, gewebte Leinenstoffe und Teddyplüsch. Sie sollten nicht elastisch sein. Das ist wichtig, damit die XL-Tiere dauerhaft ihre Form behalten. Achte beim Einkauf darauf, dass den Stoffen kein Elasthan beigemischt ist.

Stoff ist nicht gleich Stoff, auch wenn das Grundmaterial gleich ist, unterscheiden sich viele Gewebe in der Haptik. Beim Online-Einkauf hilft ein Blick auf das Gewicht der Stoffe, um zu entscheiden, ob ein Material eher dünn oder dick ist. Noch besser ist es, wenn du die Stoffe beim Einkaufen in die Hand nehmen kannst. Fühlen sie sich weich an? Sind sie eher dick oder dünn? Oft entdeckst du im Stoffgeschäft einen Stoff, den du vielleicht gar nicht im Blick hattest und der dennoch wunderbar passt. Auch hier gilt: Mach es dir einfach! Wenn die Grundparameter passen, eignen sich auch Canvas, Jeans, Ramie, Jute oder Rupfen für die Tiere – entscheidend ist hier die Stärke des Stoffes.

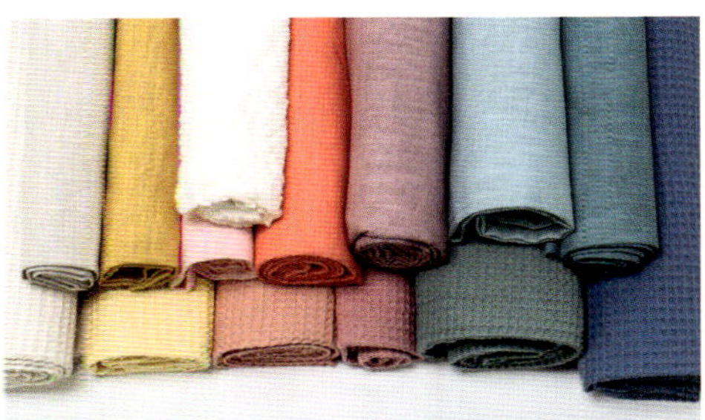

WAFFELPIQUÉ

Waffelpiqué aus Baumwolle ist weich im Griff und hat durch seine spezielle Webtechnik eine tolle Struktur. Der Stoff gibt von Haus aus ein kleines bisschen nach, ist aber nicht elastisch. Die Modelle im Buch wurden aus Baumwoll-Waffelpiqué mit einem Gewicht von 250 g/m² genäht und zusätzlich mit einer Lage dünnem Volumenvlies auf der Stoffrückseite verstärkt.

LEINEN-WEBWARE

Im Vergleich zum „Waffelstoff", wie der gleichnamige Piqué manchmal auch genannt wird, ist Leinenstoff glatter mit einem dezenten oberflächigen Schimmer. Es gibt ihn in den verschiedensten Stärken. Je fester er gewebt ist, desto mehr knittert der Stoff. Da die Tiere im Buch aber fest gestopft werden, fällt das Knittern kaum ins Gewicht – die Festigkeit dagegen schon. Der Leinenstoff, der für die Modelle im Buch verwendet wurde, hat eine Grammatur von 230 g/m². Damit ist er vergleichsweise leicht, dafür aber wunderbar flexibel. Für mehr „Stand" sorgt eine Verstärkung aus flachem Volumenvlies. Dünner sollte der Stoff allerdings nicht sein, sonst hält er der Belastung, der die „Big Friends" beim Spielen ausgeliefert sind, vermutlich nicht stand.

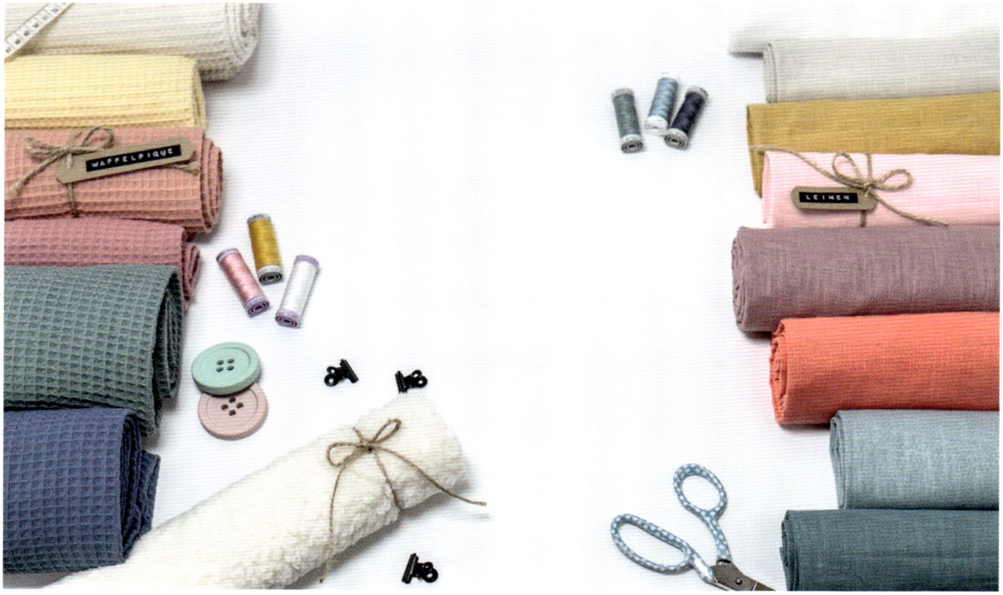

TEDDYPLÜSCH

Besonders weich ist Teddyplüsch. Oft kommen für den Kuschelstoff Kunstfasern zum Einsatz. Es lohnt sich aber, nach Plüsch aus Baumwolle zu suchen. Die Naturfaser ist so viel hautsympathischer als ihr Pendant aus synthetischen Fasern. Das macht das Kuscheln mit den Tieren zum Erlebnis. Ein guter Kompromiss sind auch Plüschstoffe mit einem Grundgewebe aus Polyester (das sorgt für eine gute Haltbarkeit) und einem Flor aus weicher Baumwolle. Für die Buchmodelle wurde Plüsch mit einem Gewicht von ca. 320 g/m² verwendet, schwerer sollte der Stoff nicht sein.

VOLUMENVLIES

Für mehr „Stand" und „Griff" sorgt eine Stoffverstärkung aus dünnem Volumenvlies, vorzugsweise Vlieseline H640. Das Vlies ist mit vielen, winzigen Klebepunkten versehen, die bei Hitze schmelzen. Es lässt sich auf die Rückseite der zu verstärkenden Stoffe bügeln und verbindet sich dauerhaft mit dem Gewebe. Neben dieser Verstärkung verhilft es den „Big Friends" zu einer gleichmäßigeren Oberfläche. Das Vlies sorgt nämlich dafür, dass die Füllwatte an der wattigen Struktur des Vlieses haftet. Das macht das Stopfen der Tiere wesentlich leichter, es entstehen weniger „Beulen" beim Stopfen und die Kuschelfreunde behalten besser ihre Form.

FÜLLWATTE

Füllwatte ist nicht gleich Füllwatte. Die eine bauscht mehr, die andere lässt sich leichter greifen und die nächste ist nicht für Allergiker geeignet. Achte beim Einkaufen darauf, welche Eigenschaften dir wichtig sind. Grundsätzlich sollte die Füllwatte als „hochbauschend" beschrieben sein und eine „starke und dauerhafte Sprungkraft" besitzen. Außerdem sollte sie waschbar sein. In der Regel besteht solches Füllmaterial aus Polyesterfasern. Nachhaltiger sind die Varianten aus recycelten Fasern. Es gibt auch Füllwatte aus Baumwolle, die allerdings oft weniger Sprungkraft besitzt als das Pendant aus Kunststoff.

TIPP: Vielleicht hast du ein Kissen-Inlay zu Hause, das nicht mehr gebraucht wird. Verhilf ihm zu einem zweiten Leben und verwende die Füllwatte wieder. Das schont den Geldbeutel und spart Ressourcen.

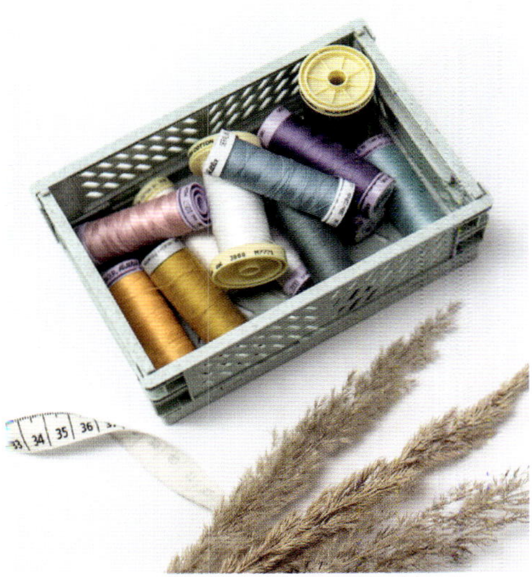

NÄHGARN

Verwende für die Tiere ein Qualitätsgarn, denn nichts wäre ärgerlicher, als dass die Nähte dem Spielen und Toben im Kinderzimmer nicht standhalten. Gut beraten bist du mit Universalnähgarn, das es mittlerweile auch in der nachhaltigen Alternative aus recycelten Fasern gibt. Das besteht in der Regel aus Polyesterfasern und näht problemlos alle Stoff- und Sticharten. Möchtest du die Tiere weitestgehend aus Naturfasern nähen, ist Baumwollgarn, wie zum Beispiel „Silk-Finish-Cotton" eine gute Alternative. Das Garn gibt es auch in extra stark. Mit dem dicken Garn lassen sich nicht nur die Wendeöffnungen der Tiere schließen, sondern auch Schnurrhaare gestalten, wie zum Beispiel bei der Robbe.

Vor dem Nähen

ZUSCHNEIDEN

Für den Zuschnitt in einfacher Stofflage breitest du die Stoffe faltenfrei aus und fixierst darauf die Schnittteile aus Papier. Das geht gut mit Stecknadeln oder Nähgewichten auf dem Stoff. Richte die Schnittteile immer im Fadenlauf aus, die kleinen Pfeile auf dem Schnittmuster helfen dir dabei.

Einige der Teile benötigst du „gegengleich", wie zum Beispiel die Flossen vom Orca oder die Beine der Krabbe. Lege dafür die Stoffe rechts auf rechts aufeinander, sodass sie in doppelter Stofflage vor dir liegen. Nun kannst du das Schnittteil obenauf fixieren und direkt zwei Teile „in einem Rutsch" zuschneiden.

Findest du auf dem Schnittmuster den Hinweis „im Stoffbruch zuschneiden" bedeutet das, dass du den Stoff falten musst. Die Faltkante (achte darauf, dass sie immer gerade verläuft), die dabei entsteht, ist der sogenannte Stoffbruch. Positioniere die Papierschablone so auf dem Stoff, dass ihre Kante exakt am Stoffbruch anliegt. Du schneidest nun zwei Lagen Stoff in einem zu. Beim Auseinanderfalten zeigt sich dann die volle Größe des Zuschnitts.

TIPP: Leichter geht das Zuschneiden der großen Teile mit einem Rollschneider. Für kleine Teile oder solche mit vielen Rundungen ist die Schere die bessere Option.

NAHTZUGABEN

In den Schnittmustern ist bis auf wenige Ausnahmen (Augenabdeckung und Volumenvlies-Schablone für die Finne beim Wal) eine Nahtzugabe von 0,7 cm enthalten, du kannst also direkt an der Papierkante schneiden. Die 0,7 cm Zugabe entspricht der üblichen Breite der meisten Nähfüßchen, sodass du dich beim Nähen an der Stoffkante orientieren kannst. Arbeitest du lieber mit einer breiteren Zugabe, kannst du diese beim Zuschneiden individuell zugeben.

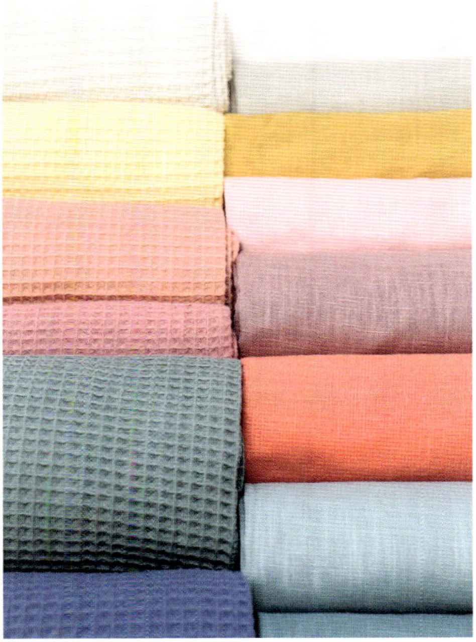

STOFF VORWASCHEN

Viele Stoffe laufen in der ersten Wäsche ein, vor allem Stoffe, die aus Naturfasern bestehen. Erfahrungsgemäß liegt dieser „Schrumpf" oder „Einlauf" zwischen 5 % und 10 %. Den genauen Wert findest du meist in der Produktbeschreibung oder direkt am Stoffballen. Berechne dieses Schrumpfen unbedingt beim Einkauf mit ein, denn nichts ist ärgerlicher, als nachher zu wenig Stoff zu haben.

Neben dem Einlaufen verhilft die erste Wäsche vielen Naturstoffen auch erst zu ihrer schönen Oberfläche. Wasche deshalb Leinen- und Baumwollstoffe, vor allem Waffelpiqué unbedingt einmal mit der höchst zulässig angegebenen Temperatur vor. So gibt es beim Zuschneiden keine Überraschungen.

Übrigens: Volumenvlies besteht in der Regel aus synthetischen Fasern. Deshalb läuft es nicht ein und braucht nicht vorgewaschen zu werden. Anders verhält es sich, wenn du mit Vlies aus Baumwolle oder Sojafasern arbeitest. Diese sollten, wie die Stoffe auch, vor dem Nähen in die Wäsche.

VERSÄUBERN

Aufgrund ihrer Herstellung neigen gewebte Stoffe dazu, an den Schnittkanten aufzuribbeln bzw. auszufransen. Das verhinderst du, indem du die Zugaben nach dem Nähen mit einer Zickzackschere zurückschneidest. Auf diese Weise stehen die Schnittkanten im schrägen Fadenlauf zueinander und das Gewebe ribbelt kaum noch auf.

Alternativ dazu kannst du die Kanten auch mit einer Zickzacknaht versäubern. Wähle dafür einen breiteren Zickzackstich (Stichbreite: ca. 4 bis 6 mm, Stichlänge: ca. 1 mm). Führe den Stoff dabei so unter dem Nähmaschinenfüßchen, dass die Nadel im Wechsel abwechselnd neben dem Stoff und im Stoff einsticht. Eine dritte Möglichkeit ist es, die Teile mit der Overlockmaschine zu versäubern.

Wichtige Techniken

SCHNITTMUSTERMARKIERUNGEN AUF STOFF ÜBERTRAGEN

Um Markierungen vom Schnittmuster auf deine Stoffzuschnitte zu übertragen, gibt es mehrere Möglichkeiten.

Variante 1

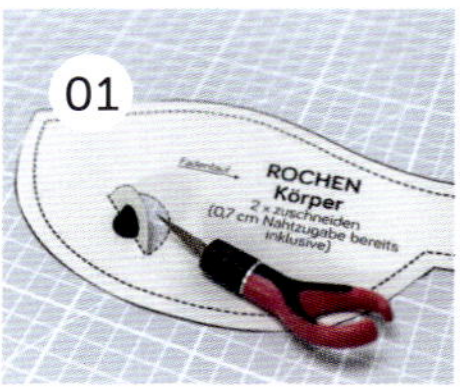

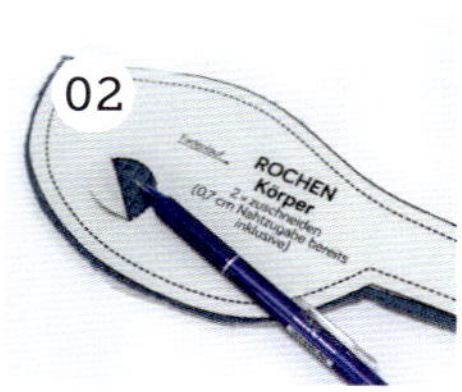

01 Für die Position der Augen kannst du die Kontur der Augenabdeckung mit einem Cuttermesser oder einer spitzen Schere so aus dem Papierschnittteil ausschneiden, dass sich das Papier zur Seite klappen lässt.

02 Nun legst du das Papierschnittteil passgenau auf den Zuschnitt und überträgst die exakte Position der Augenabdeckung durch das Loch. Nutze dafür einen hitzeempfindlichen Markierstift, wie zum Beispiel einen „Frixion-Pen". Die Tinte lässt sich später durch Bügeln entfernen. Alternativ gibt es auch wasserlösliche Trickmarker und solche, deren Tinte nach einiger Zeit von allein verschwindet.

Variante 2

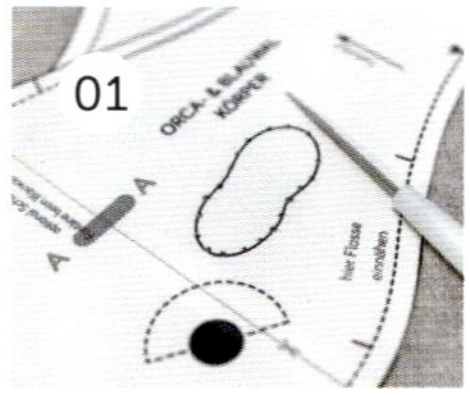

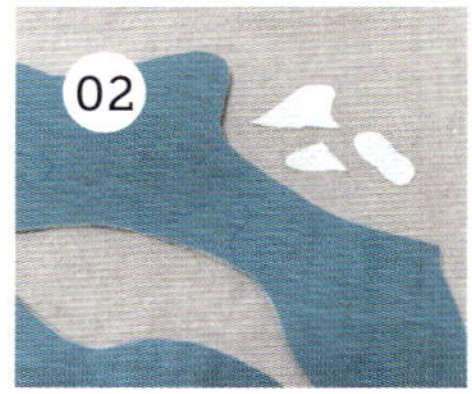

Eine andere Möglichkeit ist es, die Papierschablone entlang der zu übertragenden Markierungen zu löchern. Das geht am besten mit einer Ahle oder einer Stopfnadel. Wenn du nun das perforierte Schnittteil auf den Stoff legst, kannst du mit einem Stift durch die Löcher Pünktchen auf den Stoff setzen. Diese Pünktchen lassen sich dann einzeln verbinden und du weißt genau, an welche Stelle zum Beispiel Applikationen einzufügen sind.

Variante 3

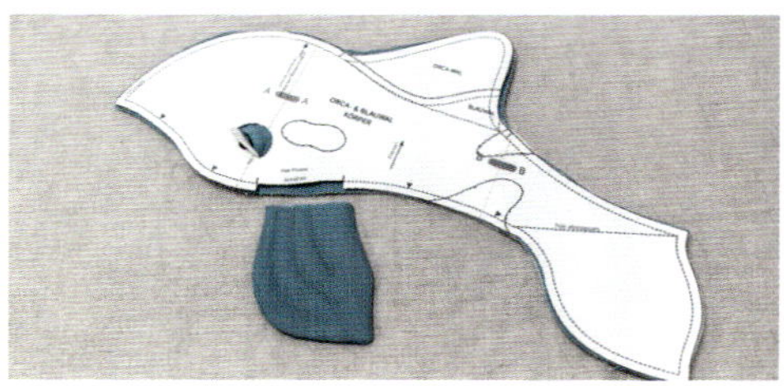

Damit zusätzliche Teile, wie Flossen oder die Arme der Krabbe später genau dort sitzen, wo sie im Schnittmuster vorgesehen sind, kannst du die Papierschablone an der Flossen- bzw. Armposition einschneiden und das Papier zur Rückseite klappen. So lässt sich die Position unkompliziert übertragen.

NAHTZUGABEN ZURÜCKSCHNEIDEN

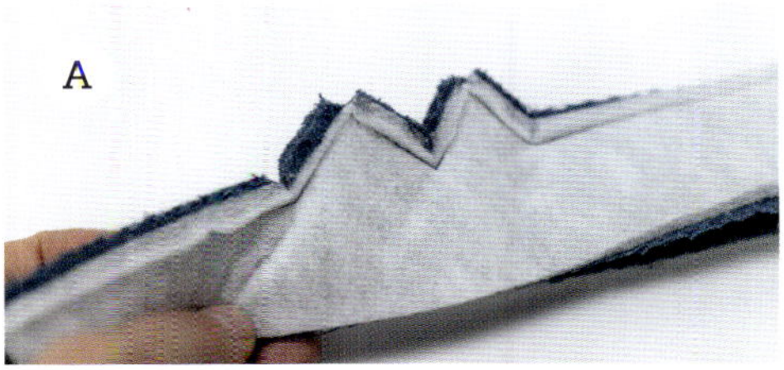
A

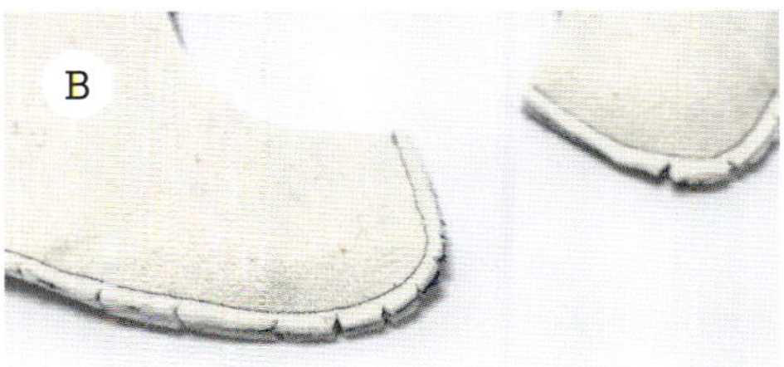
B

A Um die Teile nach dem Wenden besser ausformen zu können, ist es hilfreich, die Nahtzugaben nach dem Nähen zurück- und manchmal auch einzuschneiden. Üblich ist es, die Zugabe bis auf eine Breite von 3 bis 5 mm zu kürzen. Bei Ecken oder Spitzen der Flossen kannst du die Zugaben abschrägen oder V-förmig einschneiden.

B An runden Stellen hilft es, mehrere V-förmige Einschnitte gleichmäßig über die gesamte Rundung zu verteilen. Achte beim Einschneiden darauf, die Naht nicht zu beschädigen.

TEILE AUSFORMEN

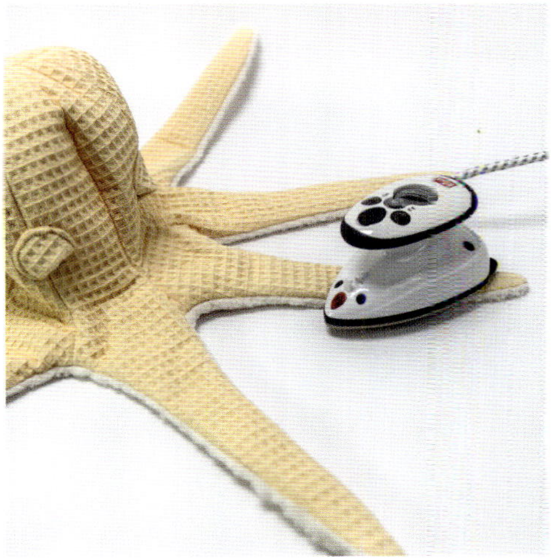

Nach dem Wenden ist es ratsam, die Einzelteile der Tiere sorgfältig auszuformen. Nur so erhalten sie ihre endgültige Form. Nimm dir ein Stäbchen zu Hilfe, mit dem du die Ecken und Rundungen vorsichtig herausarbeiten kannst. Hilfreich kann es auch sein, die Nähte zwischen den Fingern hin und her zu „rollen", um sie in die gewünschte Form zu bringen. Verzichte anschließend keinesfalls auf das Bügeln! Erfahrungsgemäß wird dieser Schritt häufig übersprungen, aber der alte Spruch „gut gebügelt ist halb genäht" hat seine Berechtigung!

AUGENABDECKUNG NÄHEN

01

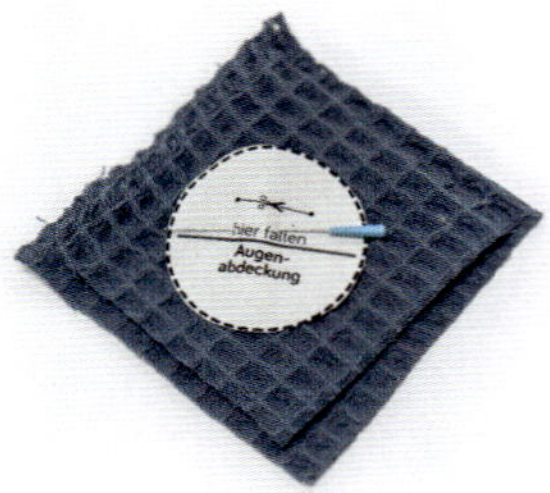

02

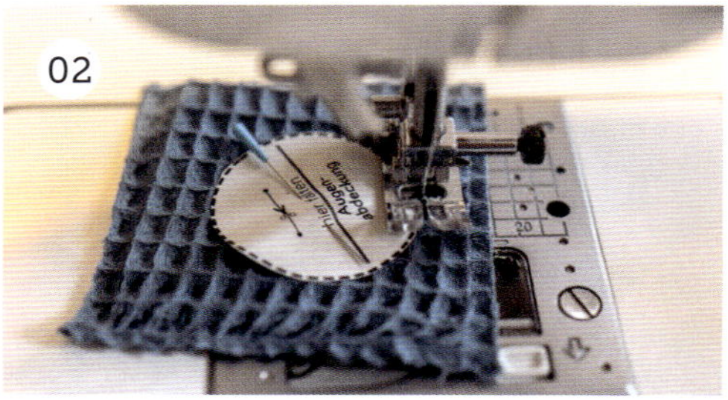

03

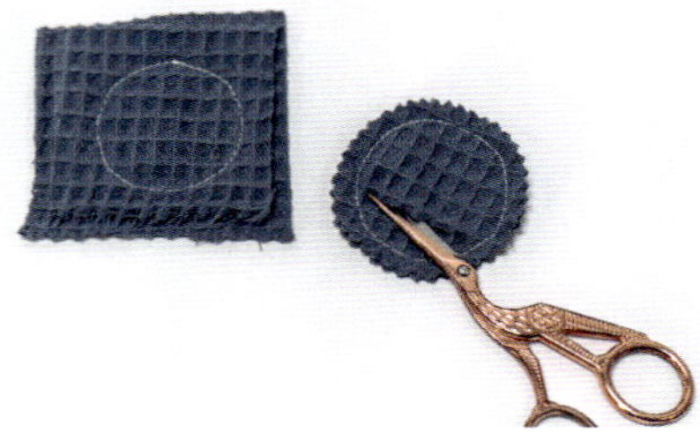

04

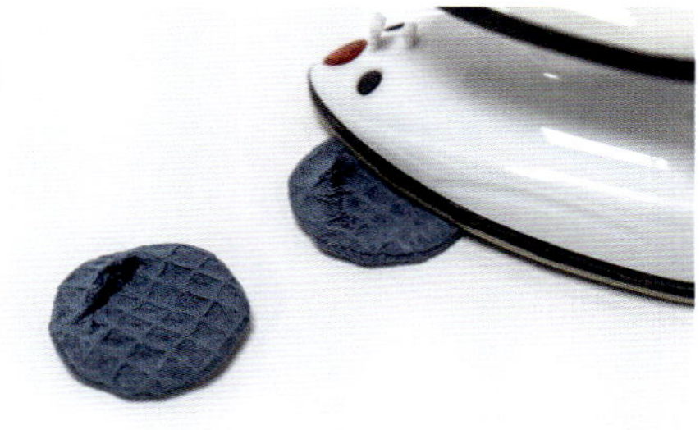

Anders als die restlichen Schnittteile im Buch enthält die Vorlage für die Augenabdeckung keine Nahtzugabe. Die ist nicht nötig, weil das Schnittteil direkt als Schablone genutzt wird.

01 Für jede Augenabdeckung benötigst du zwei Stoffquadrate, die etwas größer als die Vorlage sind. Lege beide Stoffstücke rechts auf rechts zusammen, fixiere obenauf die Papierschablone.

02 Setze das Paket so unter die Nähmaschine, dass das Füßchen zur Hälfte auf dem Papier und zur Hälfte auf dem Stoff sitzt und die Nadel exakt neben dem Papier einsticht. Das Papier dient einerseits als Orientierung zum Nähen, andererseits stabilisiert es den Stoff und das Nähen fällt leichter.

03 Schneide nun die Augenabdeckung mit einer Zickzackschere aus. Alternativ kannst du die Nahtzugaben zurück- und vorsichtig bis zur Naht einschneiden. Setze anschließend einen Schnitt in eine der beiden Stofflagen. Wichtig: Die untere Stofflage darf nicht mit eingeschnitten werden!

04 Wende die Augenabdeckung durch den Einschnitt auf rechts, forme sie sorgfältig aus und bügle sie in Form.

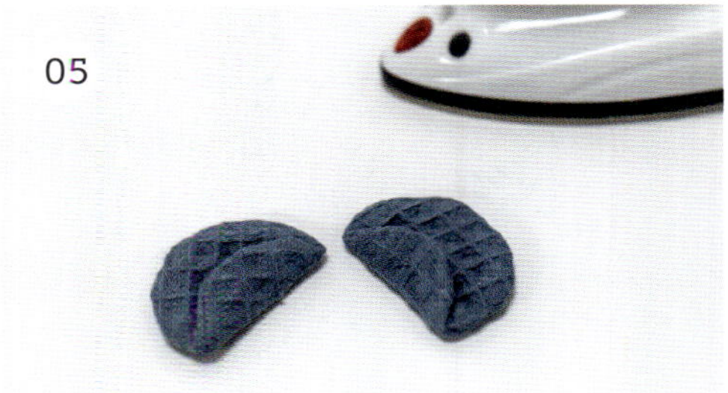

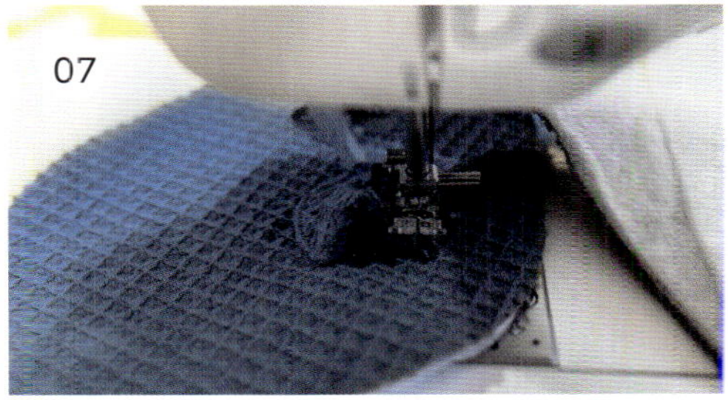

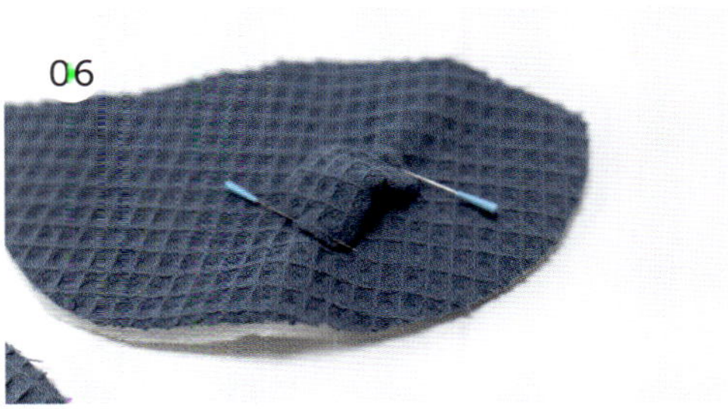

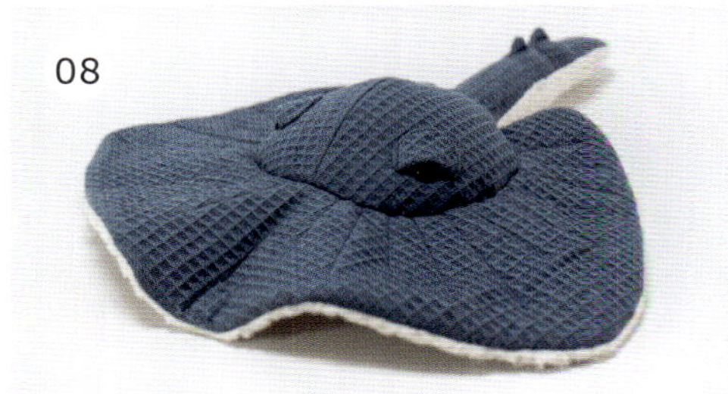

05 Falte die Augenabdeckung markierungsgemäß um, der Einschnitt liegt jetzt zwischen den Stofflagen.

06 Die Augenabdeckung ist breiter als die Markierung für das Auge. Schiebe sie so zusammen, dass sie sich passend auf die Markierung stecken lässt und in der Mitte etwas wölbt.

07 Steppe die Augenabdeckung knappkantig an.

08 Anschließend lässt sich das Sicherheitsauge unter der Wölbung anbringen.

RICHTIG AUSSTOPFEN

Das Stopfen der Tiere braucht Feingefühl. Versuche zuerst die Stellen zu befüllen, die am weitesten von der Wendeöffnung entfernt liegen, wie zum Beispiel die Schnauze der Robbe oder die Augenmulden der Krabbe. Das erfordert zwar etwas Geduld, wird aber durch ein gleichmäßiges Bild belohnt, weil sich im Inneren keine leeren Stellen bilden. Versuche stets, in das Tier hineinzufassen und die Füllwatte innen abzulegen, statt sie durch die Öffnung nachzuschieben. So vermeidest du unschöne „Knubbel". Stopfe das Tier relativ fest. In der Regel gibt die Füllwatte ohnehin nach einiger Zeit etwas nach.

SICHERHEITSAUGEN ANBRINGEN

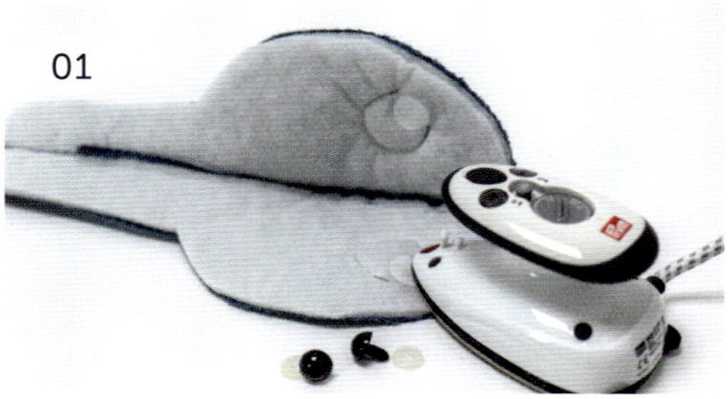

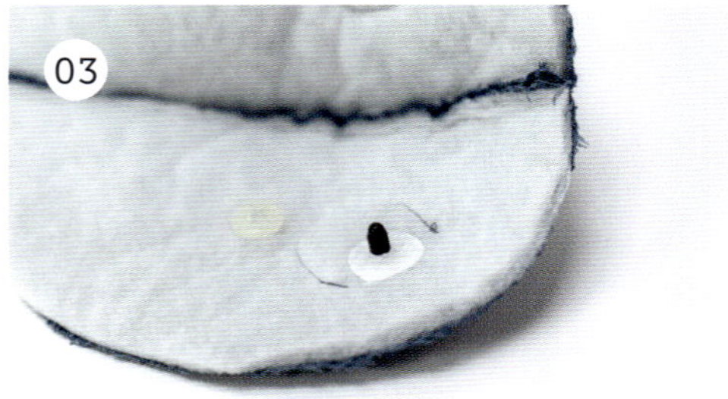

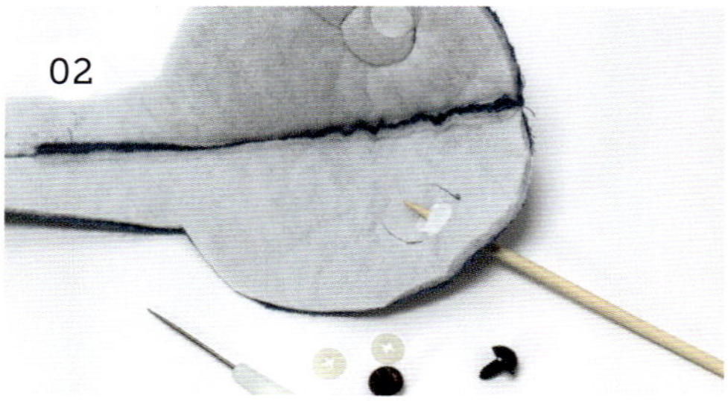

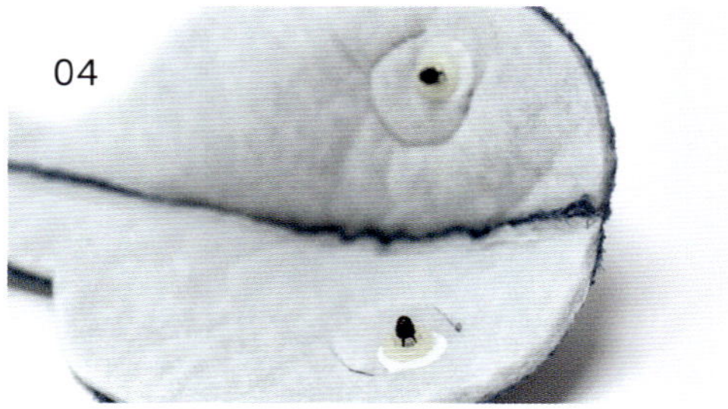

01 Verstärke zunächst die Rückseite des Stoffes in dem Bereich, wo die Augen sitzen sollen. Das geht ganz einfach, indem du einen sogenannten „Powerdot“ aufbügelst. Das sind kleine, vorgestanzte Filzkreise mit einer Klebefläche, die durch die Hitze des Bügeleisens schmilzt und so den Filz mit dem Stoff verbindet. Alternativ kannst du auch einen Rest Textil- oder Stickfilz mit Textilkleber an der Stelle anbringen.

02 Die Sicherheitsaugen bestehen aus einem Stift mit fühlbaren Erhebungen und einem hohlförmigen Gegenstück. Um die Sicherheitsaugen anzubringen, stichst du ein Loch an die Stelle des Auges.

03 Stecke den Stift des Sicherheitsauges in das Loch im Stoff und schiebe das Gegenstück auf den Stift, sodass die breite Seite des Gegenstücks zum Stoff zeigt.

04 Alles sitzt richtig, wenn sich das Gegenstück in den Rillen am Stift verhakt. Überprüfe zum Schluss, dass sich das Auge nicht mehr lösen kann.

WENDEÖFFNUNGEN MIT DER MATRATZENNAHT SCHLIESSEN

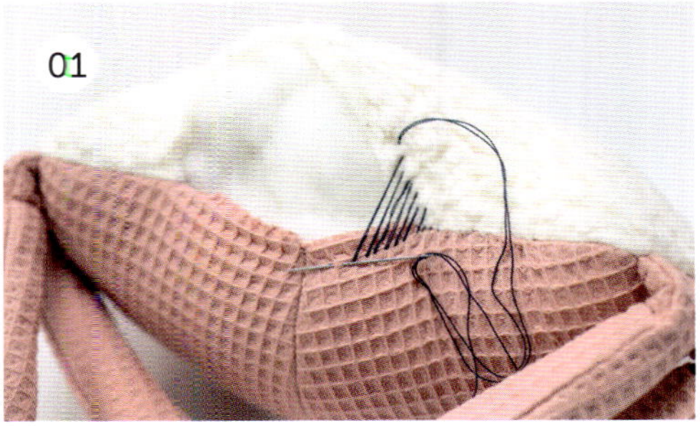

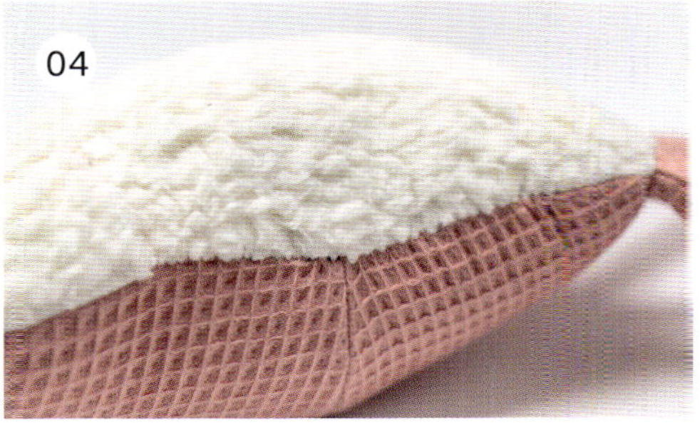

01 Arbeite gern mit einem doppelten Faden oder wähle ein extra starkes Garn. Lege die Nahtzugaben an der Öffnung sorgfältig nach innen. Sichere den Faden im Bereich der Nahtzugabe. Stich nun jeweils in die Bruchkante der Nahtzugaben ein und führe den Faden von einer Seite zur gegenüberliegenden. Arbeite nach diesem Prinzip weiter und stich stets nur in den Stoff der gegenüberliegenden Nahtzugabe ein. Dabei legt sich der Faden gleichmäßig über die Öffnung. Das Bild erinnert an die Sprossen einer Leiter. Deshalb wird der Matratzenstich oft auch Leiterstich genannt.

02 Nach ein paar Stichen von rechts nach links kannst du den Faden sanft straffen. Dabei ziehen sich die Nahtzugaben zusammen und verschließen die Öffnung beinahe unsichtbar. Wichtig: Das Straffen des Fadens erfordert Gefühl. Erfolgt das Straffen zu schnell, kann der Faden reißen!

03 Nähe auf diese Weise bis zum Ende der Öffnung. Kurz bevor die Maschinennaht beginnt, lässt du die Nadel innerhalb der Nahtzugabe aus dem Stoff treten. Lege den Faden ein bis zweimal um die Nadelspitze, straffe den Faden, sodass sich der Faden nahe am Stoff der Nahtzugabe verknotet.

04 Jetzt kannst du die Nadel im Inneren der Nahtzugabe führen und an einer beliebigen Stelle heraustreten lassen. Schneide den Faden unter Spannung nahe am Stoff ab. Auf diese Weise rutscht er im Inneren unter die Nahtzugabe und ist von außen nicht mehr zu sehen.

LINIEN IM KETTSTICH NÄHEN

Sollen zusätzliche Linien auf die Tiere gestickt werden, wie beispielsweise der Mund der Krabbe, verwendest du am besten den Kettstich. Optisch erinnert der Stich an eine Kette und genau das macht ihn so vielseitig. Je nachdem wie fest oder locker die Stiche ausfallen, wird die Naht zarter oder intensiver. Er macht sich prima, um Konturen zu sticken oder Motive auszufüllen. Mit dem Stich kannst du auch Namen auf die XL-Tiere sticken.

Gestickt wird erst zum Schluss, wenn das Tier gestopft und die Wendeöffnung geschlossen ist. So kannst du die Linien exakt dort vorzeichnen, wo sie später sitzen sollen und läufst keine Gefahr, dass sich die gewählte Position noch einmal durch das Stopfen verzieht.

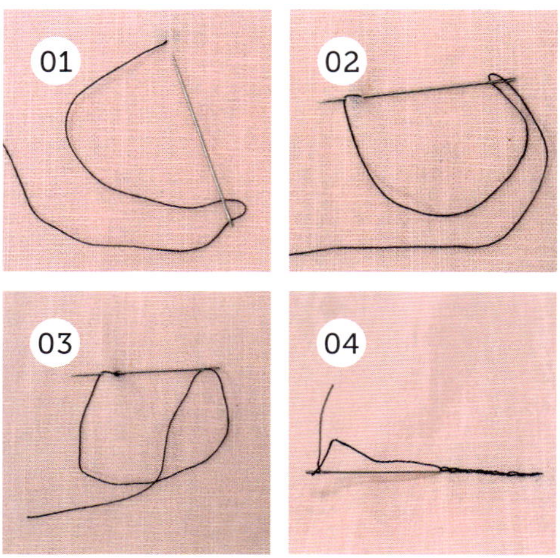

01 Sichere zunächst den Faden im Stoff und lass die Nadel dort austreten, wo das erste „Kettenglied" beginnen soll.

02 Im Prinzip nähst du nun kleine Schlingen, und zwar so: Stich in derselben Position in den Punkt, an dem der Faden austritt, führe die Nadelspitze unter dem Stoff entlang und lasse sie mit ca. 1 cm Versatz auf der angezeichneten Linie wieder austreten.

03 Straffe jetzt den Faden sanft, bis nur noch eine kleine Schlaufe zu sehen ist. Lege diese Schlaufe um die Nadelspitze und ziehe den Faden fest. Das erste „Kettenglied" ist fertig. Nähe nach diesem Prinzip weiter bis zum gewünschten Endpunkt der Naht.

04 Statt eine neue Schlaufe zu bilden, stichst du zum Schluss hinter der letzten Schlaufe ein und vernähst dort den Faden.

SCHWIERIGKEITSGRADE

Das schaffst du locker!

Mit ein bisschen Geduld meisterst du das!

PROJEKTE

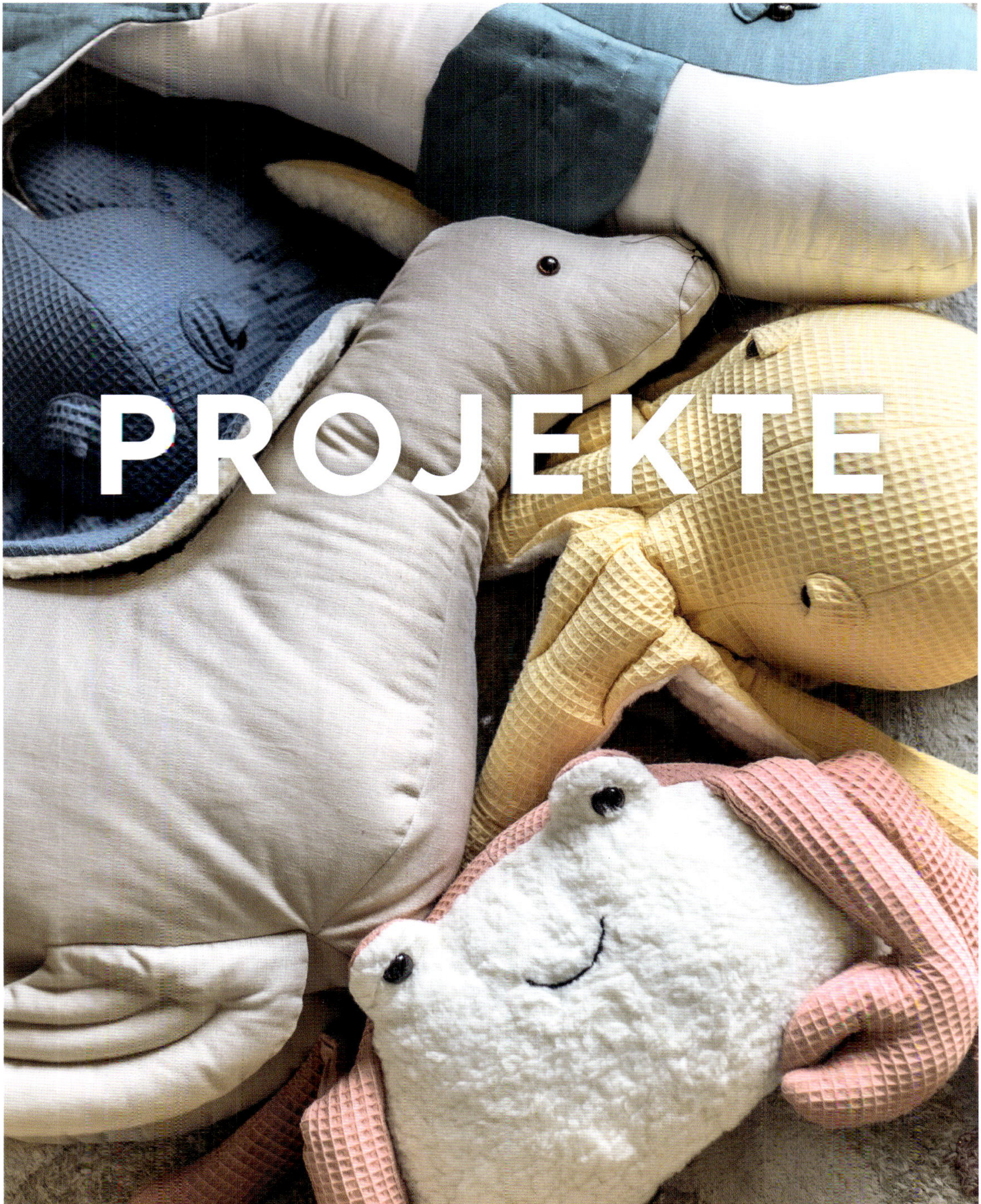

ROCHEN

Wenn sie durchs Wasser gleiten, lassen sie uns staunen. Nicht nur ihre Eleganz, sondern auch ihr empfindsames Wesen verzaubert unsere Sinne. Kein Rochen ist gern allein. Sie leben in Gruppen zusammen, spielen miteinander und können sogar enge Freundschaften eingehen.

GRÖSSE

74 cm × 62 cm

MATERIAL

- Waffelpiqué (in Jeansblau), 70 cm × 150 cm
- Plüschstoff (in Offwhite), 70 cm × 150 cm
- Vlieseline H640, 70 cm × 90 cm
- 2 Sicherheitsaugen, Ø 18 mm
- 2 Powerdots (alternativ Filzreste)
- Füllwatte, ca. 300 g
- Passendes Nähgarn

ZUSCHNITT

Aus Waffelpiqué

2 × Körper gegengleich

1 × Brustflosse im Stoffbruch

4 × 10 cm × 10 cm-Quadrate (für die Augenabdeckung)

Aus Plüschstoff

2 × Unterseite gegengleich

1 × Brustflosse im Stoffbruch

Aus Volumenvlies

2 × Körper gegengleich

1 × Brustflosse im Stoffbruch

Hinweis: *Das Schnittmuster enthält bereits 0,7 cm Nahtzugabe. Du brauchst nichts mehr zugeben!*

Du findest alle Teile auf Schnittmusterbogen 1.

BEVOR ES LOSGEHT

Bügle die Volumenvlieszuschnitte auf die Rückseiten der Zuschnitte aus Waffelpiqué (2 × Körper, 1 × Brustflosse).

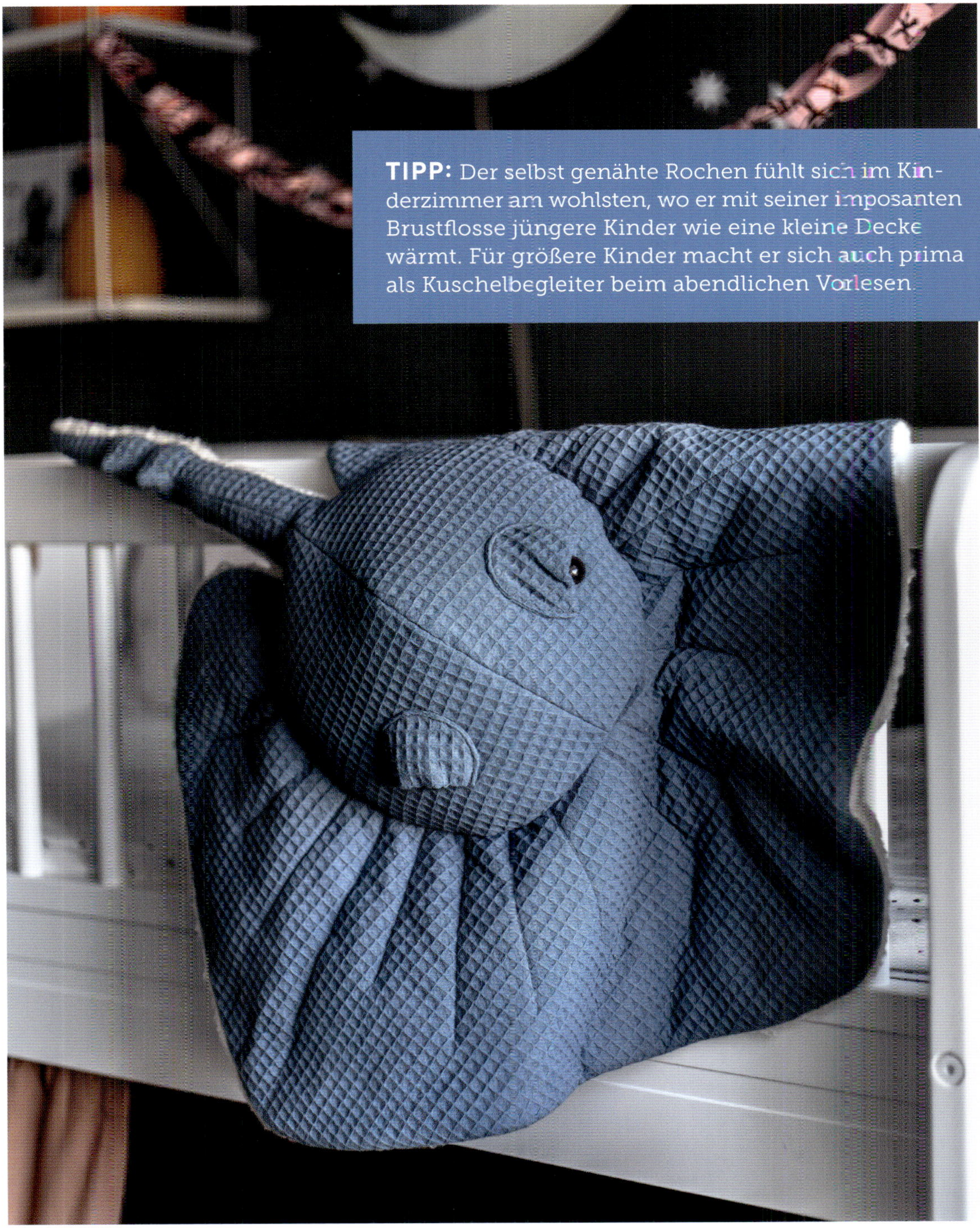

TIPP: Der selbst genähte Rochen fühlt sich im Kinderzimmer am wohlsten, wo er mit seiner imposanten Brustflosse jüngere Kinder wie eine kleine Decke wärmt. Für größere Kinder macht er sich auch prima als Kuschelbegleiter beim abendlichen Vorlesen.

LOS GEHT'S

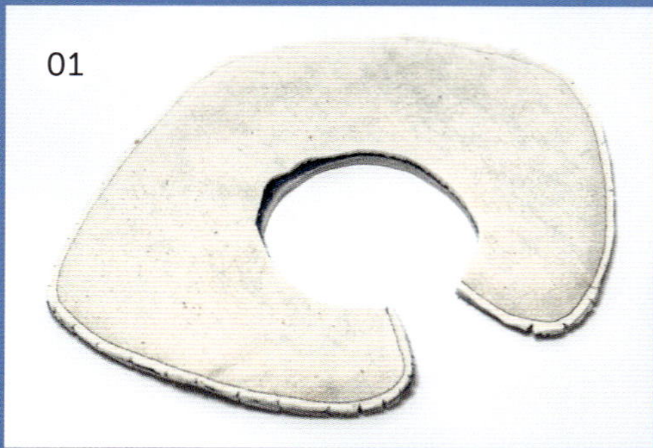

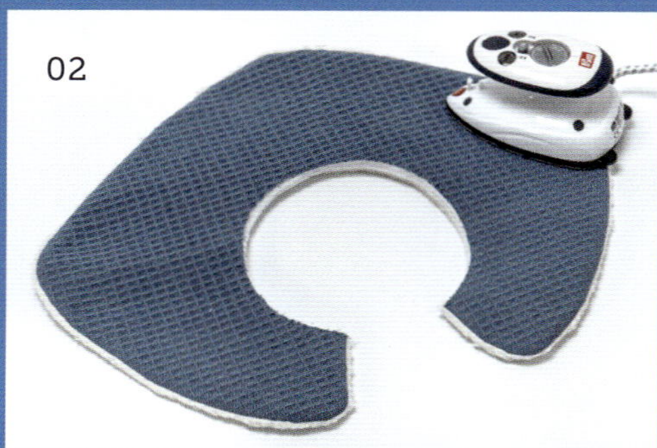

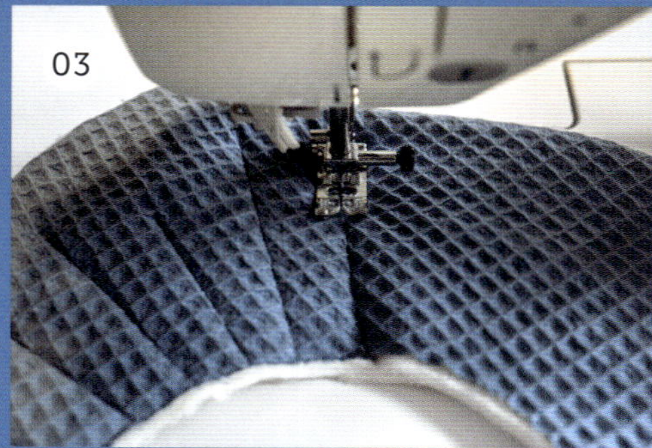

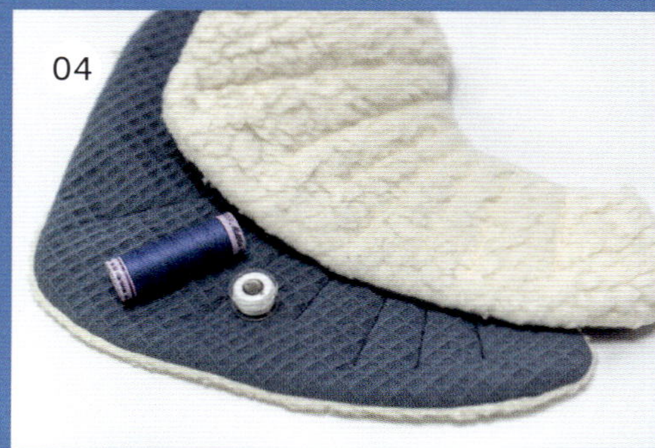

01 Steppe beide Teile für die Brustflosse rechts auf rechts entlang der äußeren Rundung zusammen. Die innere Rundung bleibt zum Wenden offen. Schneide die Nahtzugaben entlang der Rundungen ein.

02 Wende die Brustflosse auf rechts und bügle sie in Form.

03 Steppe die Brustflosse, wie auf dem Schnittmuster markiert, von rechts ab.

04 **TIPP:** Besonders hübsch gelingen die Steppnähte, wenn du Ober- und Unterfaden jeweils farblich passend zur Stofffarbe wählst.

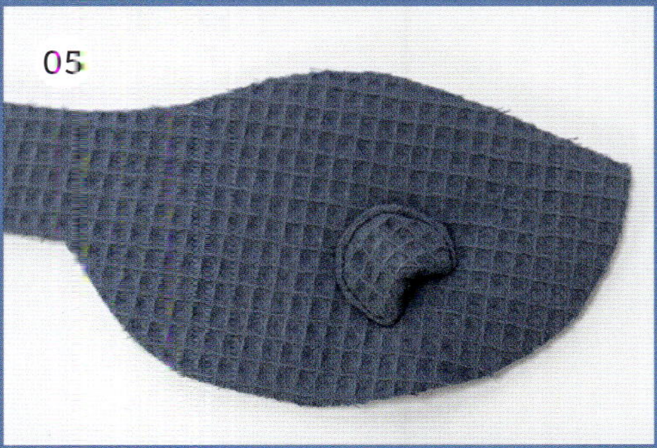

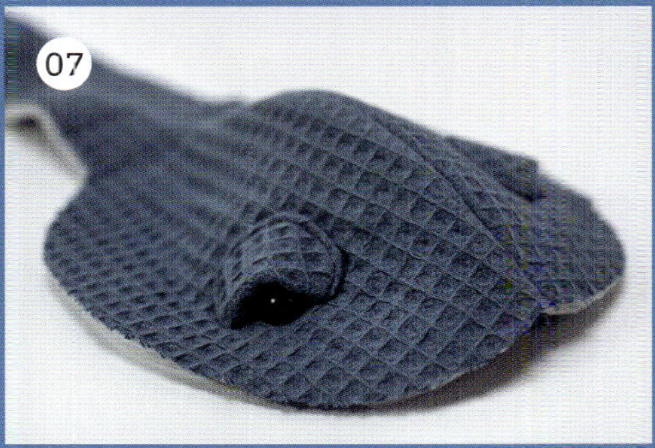

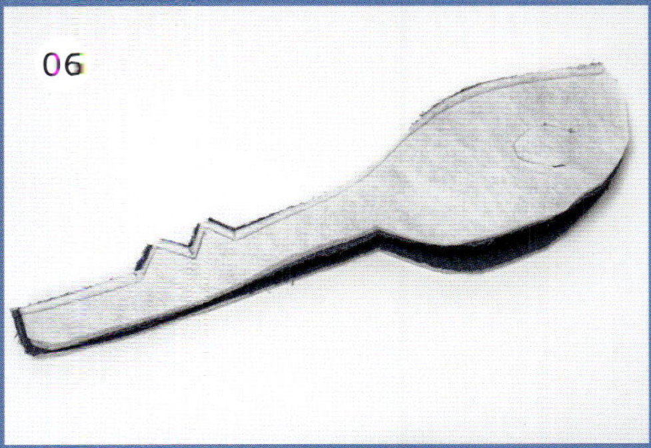

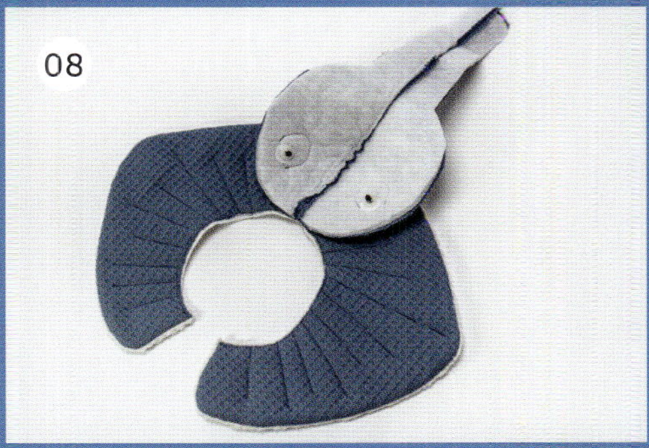

05 Fertige die Augenabdeckung an, wie im Grundlagenteil auf Seite 16 beschrieben. Nähe sie positionsgemäß auf die Körperteile.

06 Steppe die Körperteile rechts auf rechts entlang der oberen Mitte zusammen.

07 Bringe die Sicherheitsaugen so an, dass sie zur Hälfte unter der Augenabdeckung sitzen.

08 Stecke den Körper von der vorderen Mitte aus rechts auf rechts an die Brustflosse.

WEITER GEHT'S

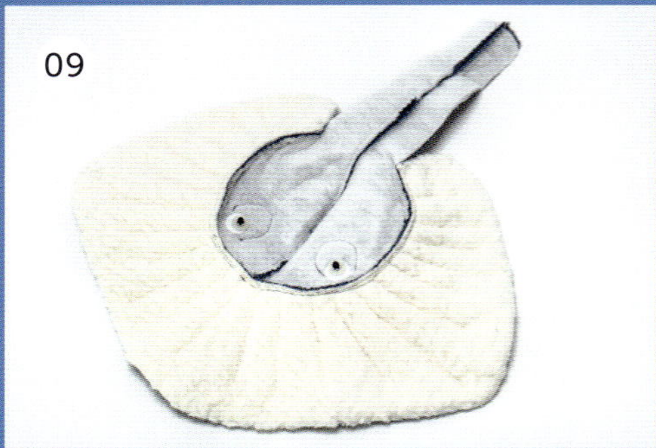

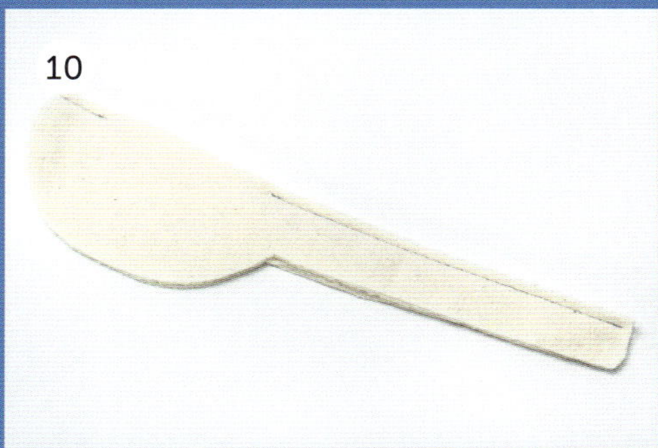

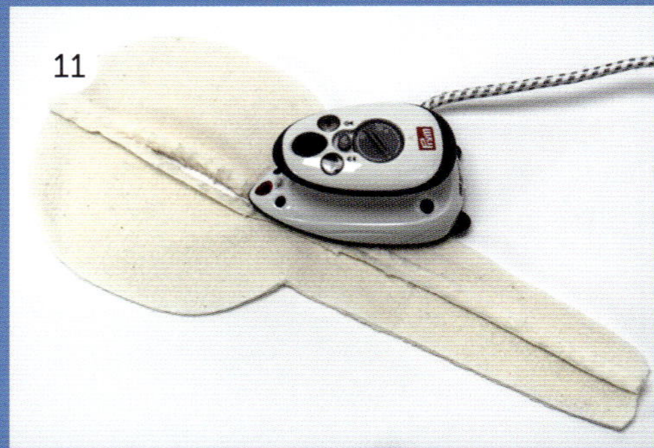

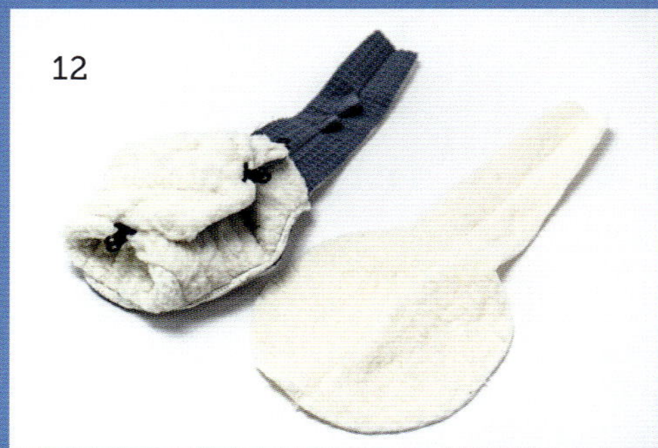

09 Steppe beide Teile innerhalb der Nahtzugabe aufeinander.

10 Steppe die Unterseiten-Zuschnitte entlang der Mittellinie zusammen. Lass dabei unbedingt eine Öffnung zum Wenden!

11 Bügle die Nahtzugaben auf der Rückseite auseinander.

12 Lege die Brustflosse ins Innere des Körpers.

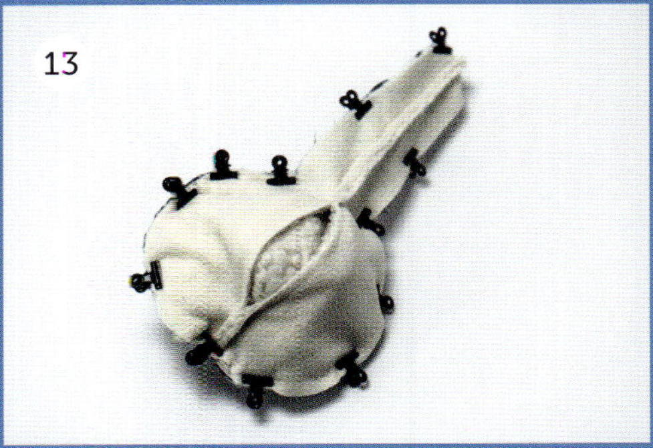

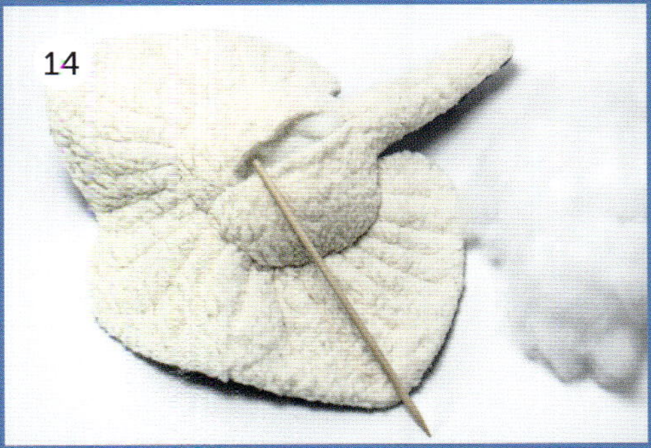

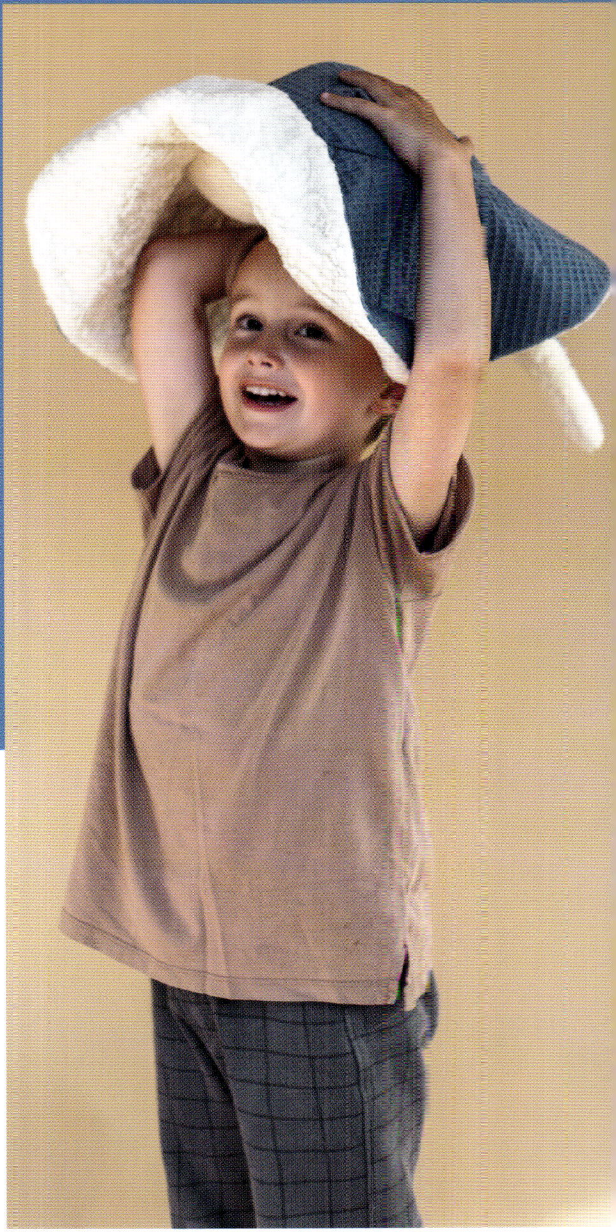

13 Steppe Körper und Unterseite rechts auf rechts zusammen. Schneide die Nahtzugaben entlang der Rundungen ein.

14 Wende den Rochen durch die Öffnung auf rechts. Stopfe ihn mit Füllwatte in Form und schließe die Öffnung im Matratzenstich von Hand, wie auf Seite 19 beschrieben. Schon ist er zum Kuscheln bereit!

OKTOPUS

Mit seinen langen Fangarmen kann es sich der Oktopus an den verrücktesten Stellen im Kinderzimmer gemütlich machen.

GRÖSSE

70 cm hoch × 30 cm breit

MATERIAL

- Waffelpiqué (in Vanille), 80 cm × 150 cm
- Plüschstoff (in Offwhite), 55 cm × 150 cm
- Vlieseline H640, 80 cm × 150 cm
- 2 Sicherheitsaugen, Ø 18 mm
- 2 Powerdots (alternativ Filzreste)
- Füllwatte, ca. 500 g
- Passendes Nähgarn

ZUSCHNITT

Aus Waffelpiqué

8 × Körper im Stoffbruch

4 × 10 cm × 10 cm-Quadrat (für die Augenabdeckung)

Aus Plüschstoff

8 × Unterseite im Stoffbruch

Aus Volumenvlies

8 × Körper im Stoffbruch

Hinweis: *Das Schnittmuster enthält bereits 0,7 cm Nahtzugabe. Du brauchst nichts mehr zugeben!*

Du findest alle Teile auf Schnittmusterbogen 1.

BEVOR ES LOSGEHT

Bügle die Volumenvlieszuschnitte auf die Rückseiten der Zuschnitte für den Körper.

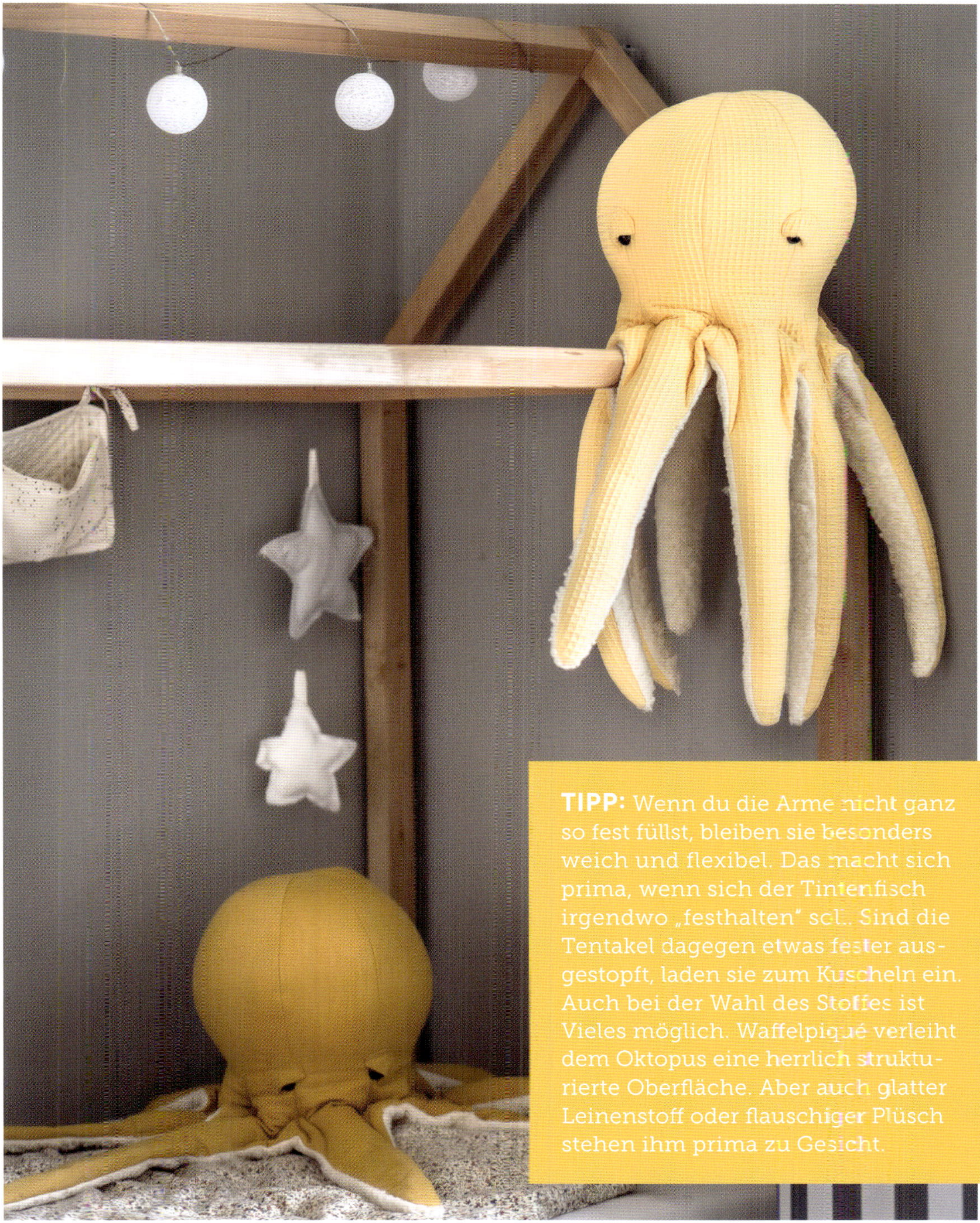

TIPP: Wenn du die Arme nicht ganz so fest füllst, bleiben sie besonders weich und flexibel. Das macht sich prima, wenn sich der Tintenfisch irgendwo „festhalten“ soll. Sind die Tentakel dagegen etwas fester ausgestopft, laden sie zum Kuscheln ein. Auch bei der Wahl des Stoffes ist Vieles möglich. Waffelpiqué verleiht dem Oktopus eine herrlich strukturierte Oberfläche. Aber auch glatter Leinenstoff oder flauschiger Plüsch stehen ihm prima zu Gesicht.

LOS GEHT'S

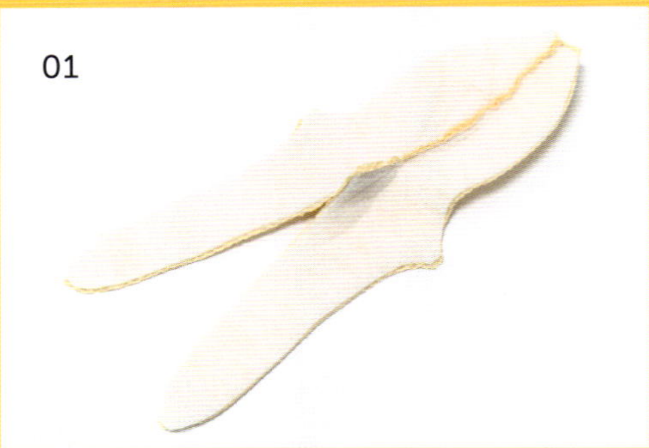

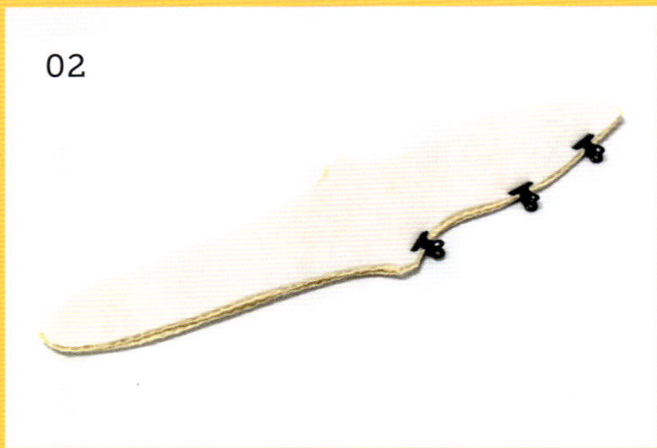

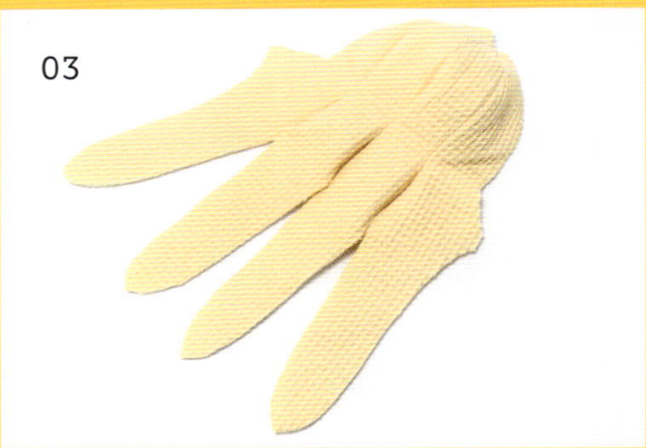

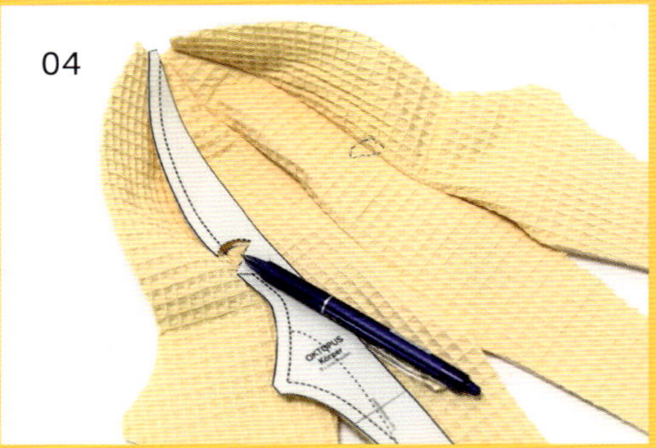

01 Beginne mit der Körpervorderseite: Stecke zwei Körperzuschnitte rechts auf rechts aufeinander.

02 Steppe sie ausgehend von A bis zur oberen Mitte zusammen. Bügle die Nahtzugaben auf der Rückseite auseinander.

03 Nähe nach diesem Schema vier Körperteile zusammen.

04 Positioniere das Papierschnittteil auf dem Stoffteil und übertrage die Position der Augen, sodass die Augen jeweils auf der Naht zwischen dem ersten und zweiten sowie auf der Naht zwischen dem dritten und vierten Körpersegment sitzen.

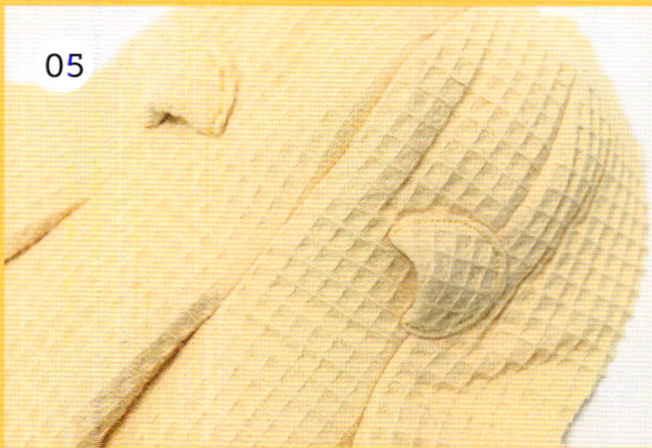

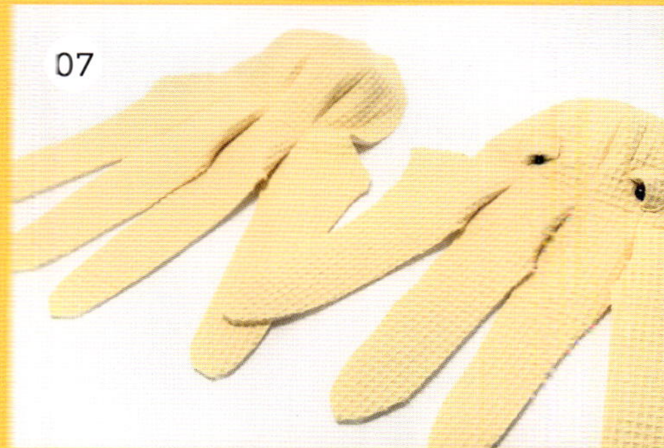

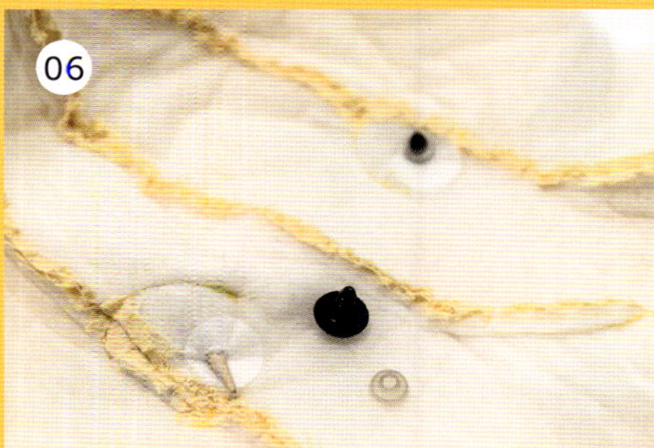

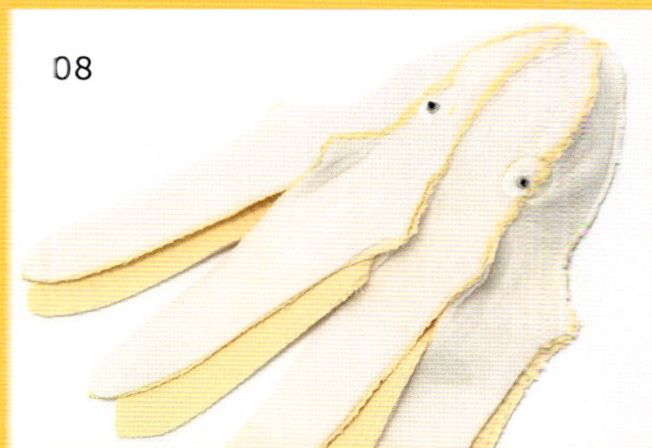

05 Fertige die Augenabdeckung an, wie im Grundlagenteil auf Seite 16 beschrieben. Nähe sie positionsgemäß auf die Körperteile.

06 Bringe die Sicherheitsaugen so an, dass sie zur Hälfte unter der Augenabdeckung sitzen.

07 Nähe für die Körperrückseite die übrigen vier Körperteile nach demselben Muster zusammen.

08 Steppe die Vorder- und die Rückseite des Körpers rechts auf rechts zusammen, schneide die Nahtzugaben ein, vor allem entlang der Rundungen.

WEITER GEHT'S

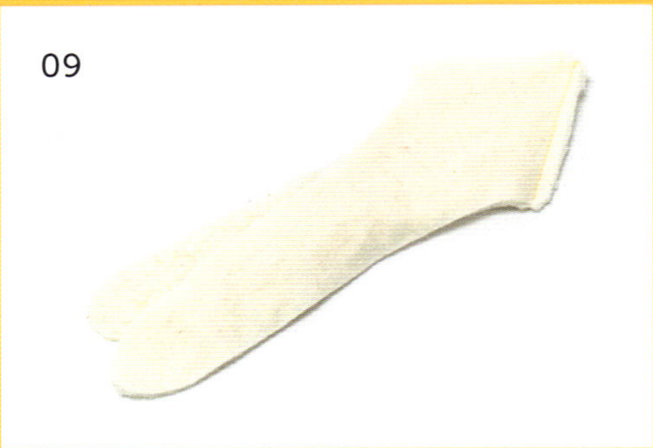

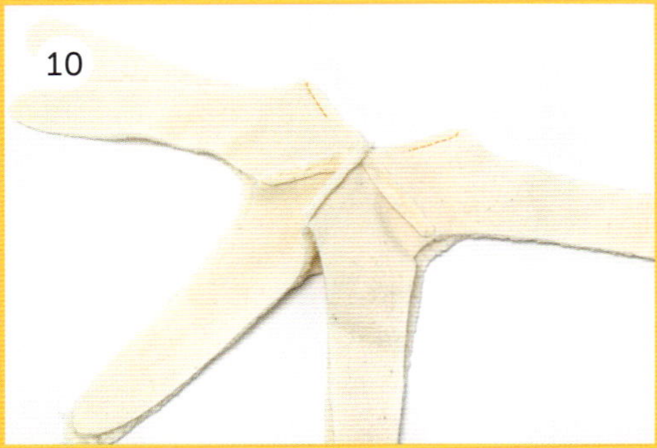

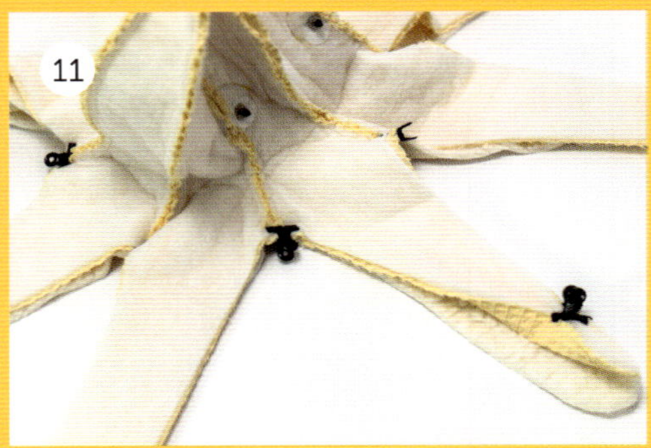

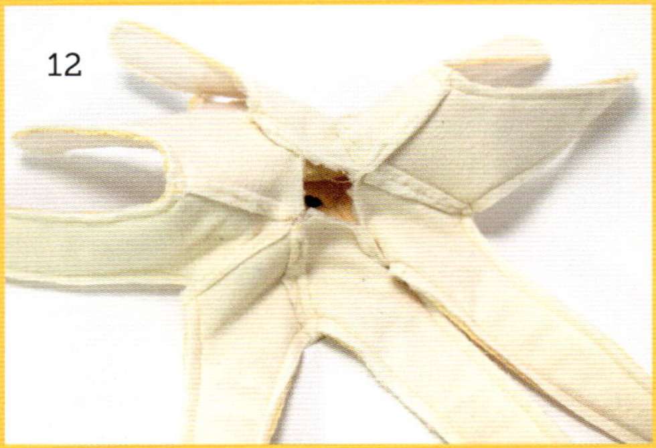

09 Lege zwei Zuschnitte für die Unterseite rechts auf rechts aufeinander. Steppe sie ausgehend von der Markierung B bis zur unteren Mitte zusammen. Falte dann beide Teile auf, bügle die Nahtzugaben auf der Rückseite auseinander. Nähe nach diesem Prinzip jeweils vier Unterseitensegmente zusammen.

10 Stecke die beiden entstandenen Unterseitenteile rechts auf rechts aufeinander. Steppe sie jeweils ca. 4 cm ausgehend von der Spitze aufeinander. Der Rest des Teils bleibt zum späteren Wenden offen.

11 Körper und Unterseite sind fertig. Stecke beide Teile rechts auf rechts aufeinander. Dabei sollen die Enden der Tentakel und die Verbindungsnähte der Körper- bzw. Unterseitensegmente exakt aufeinandertreffen.

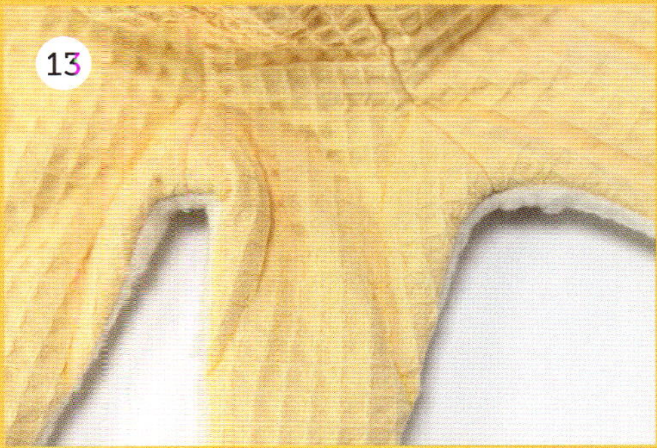

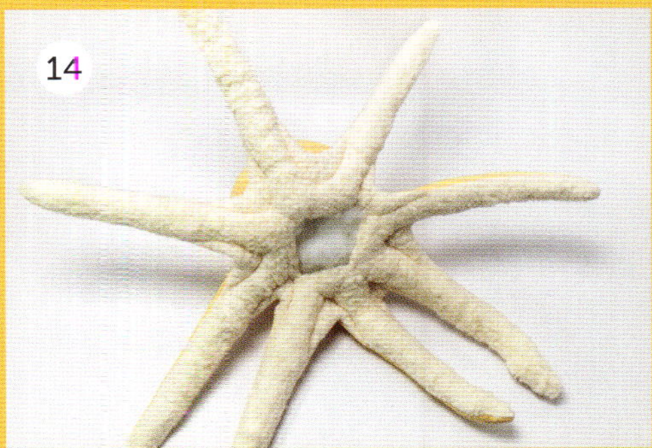

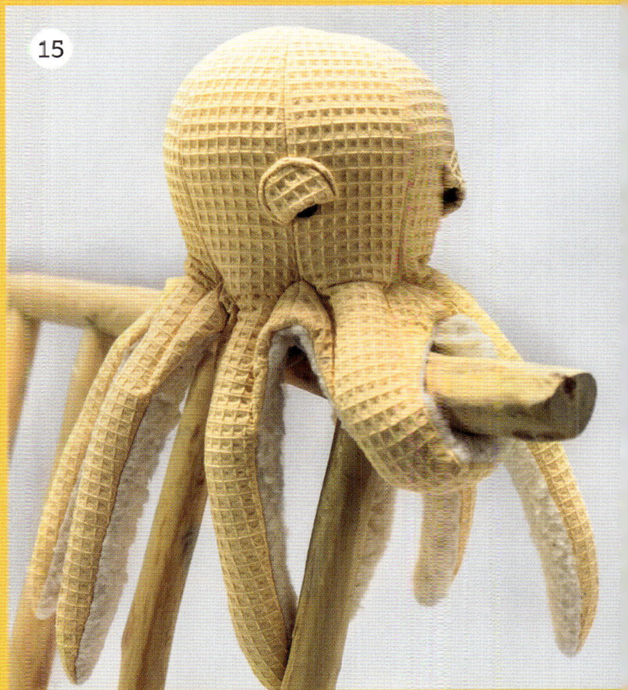

12 Schneide die Nahzugaben entlang der Rundungen ein. Greife durch die Öffnung an der Unterseite in den Oktopus hinein und wende die Innenseite nach außen.

13 Bügle die Tentakel sorgfältig in Form und übertrage die Form der Stepplinien mit der Schablone auf den unteren Bereich der Körpersegmente und nähe sie anschließend mit dem Geradstich nach.

14 Fülle den Körper und nach Wunsch auch die Arme mit Füllwatte. Schließe die Öffnung im Matratzenstich von Hand, wie auf Seite 19 beschrieben.

15 Fertig ist dein Oktopus zum Kuscheln und Liebhaben.

KRABBE

Mit ihrem Blick erobert die Krabbe alle Herzen. Das Augenlid wird nämlich so angenäht, dass es entweder über dem Auge sitzt oder bei Bedarf auf die Rückseite gekrempelt werden kann. Verschiedene Gesichtsausdrücke sind damit ihre leichteste Übung.

GRÖSSE

30 cm hoch × 45 cm breit
(Körper ohne Beine)

MATERIAL

- Waffelpiqué (in Blush), 80 cm × 150 cm
- Plüschstoff (in Offwhite), 40 cm × 150 cm
- Vlieseline H640, 80 cm × 150 cm
- 2 Sicherheitsaugen, Ø 20 mm
- 2 Powerdots (alternativ Filzreste)
- Füllwatte, ca. 500 g
- Passendes Nähgarn

ZUSCHNITT

Aus Waffelpiqué

16 × Bein, je 2 × gegengleich
4 × Schere, je 2 × gegengleich
2 × Rücken gegengleich
2 × Augenlid im Stoffbruch

Aus Plüschstoff

1 × Bauch im Stoffbruch

Aus Volumenvlies

16 × Bein, je 2 × gegengleich
4 × Schere, je 2 × gegengleich
2 × Rücken gegengleich

Hinweis: *Das Schnittmuster enthält bereits 0,7 cm Nahtzugabe. Du brauchst nichts mehr zugeben!*

Du findest alle Teile auf Schnittmusterbogen 2.

BEVOR ES LOSGEHT

Bügle die Volumenvlieszuschnitte auf die Rückseiten der Zuschnitte aus Waffelpiqué (16 × Bein, 4 × Schere, 2 × Rücken).

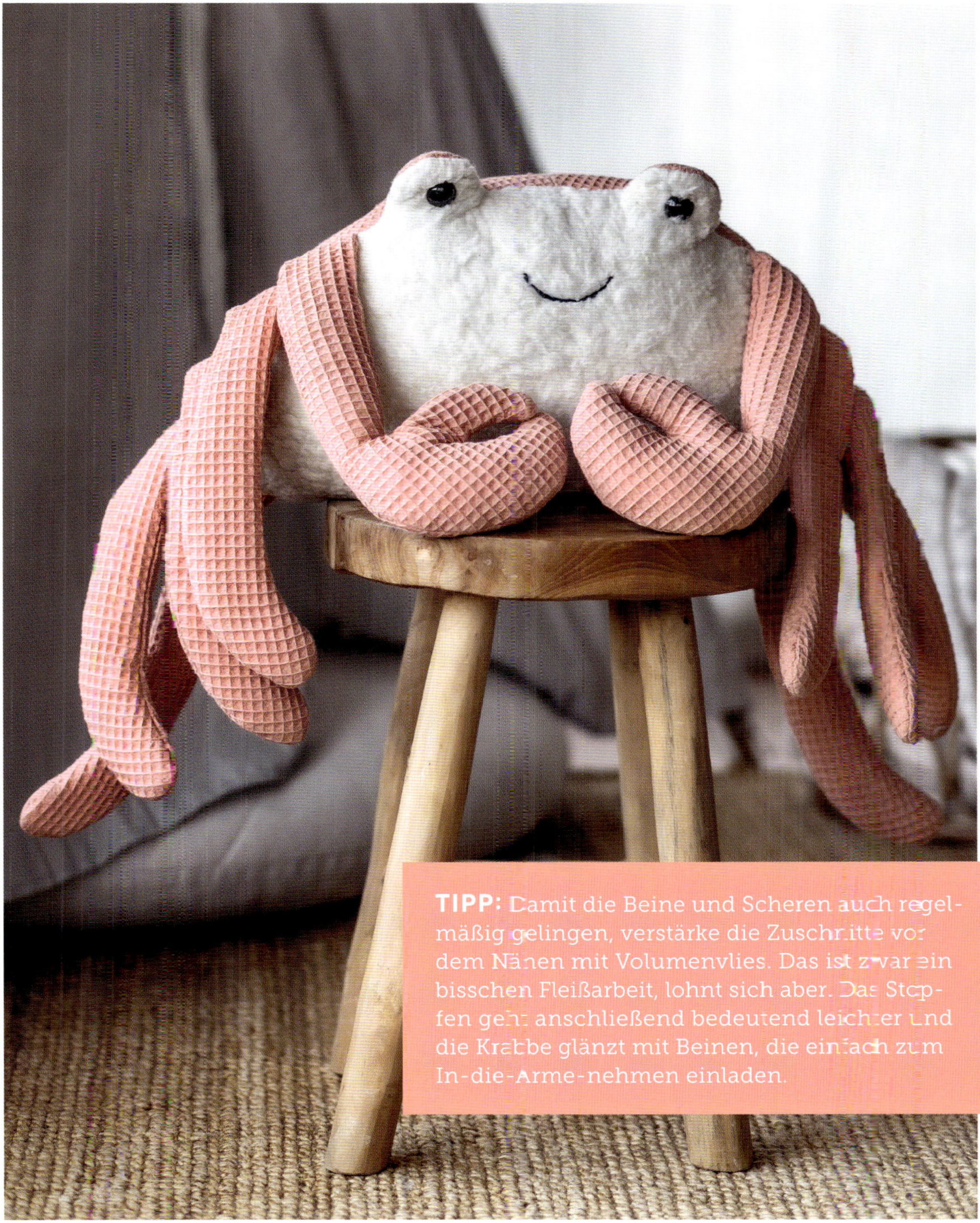

TIPP: Damit die Beine und Scheren auch regelmäßig gelingen, verstärke die Zuschnitte vor dem Nähen mit Volumenvlies. Das ist zwar ein bisschen Fleißarbeit, lohnt sich aber. Das Stopfen geht anschließend bedeutend leichter und die Krabbe glänzt mit Beinen, die einfach zum In-die-Arme-nehmen einladen.

LOS GEHT'S

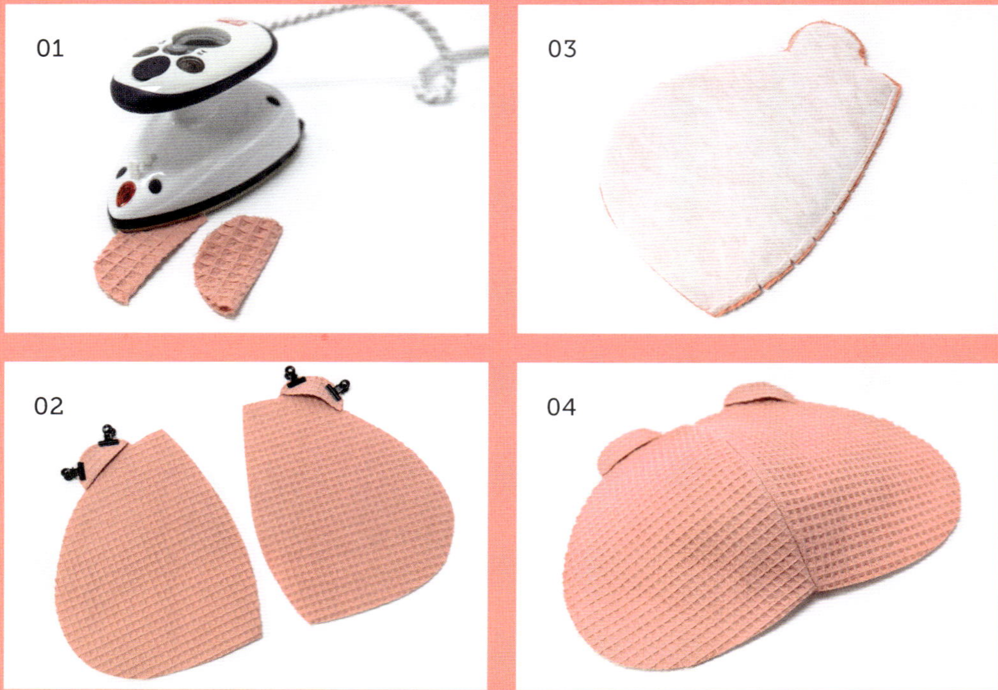

01 Bügle die Augenlider im Stoffbruch links auf links.

02 Fixiere sie markierungsgemäß rechts auf rechts auf den Rückenteilen und nähe sie innerhalb der Nahtzugabe an. Wichtig: Das Augenlid ist ein bisschen größer als das Auge. Passe es beim Annähen so ein, dass die Kanten beider Teile aufeinandertreffen. Dabei wölbt sich das Augenlid etwas auf.

03 Steppe die Rückenteile rechts auf rechts entlang der rückwärtigen Mitte aufeinander, schneide die Nahtzugaben ein und bügle sie auf der Rückseite auseinander.

04 Dabei wölbt sich der Rücken etwas auf.

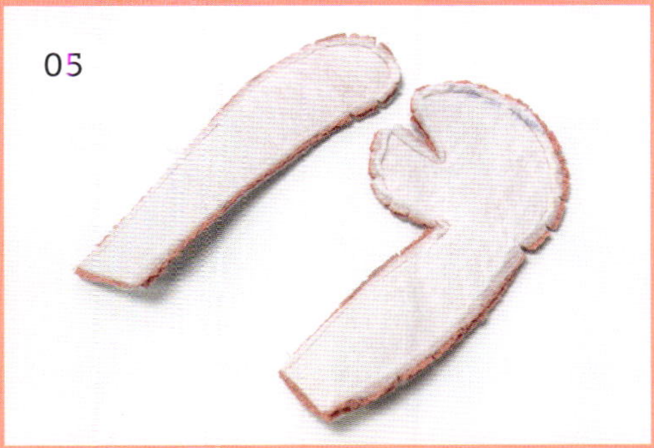

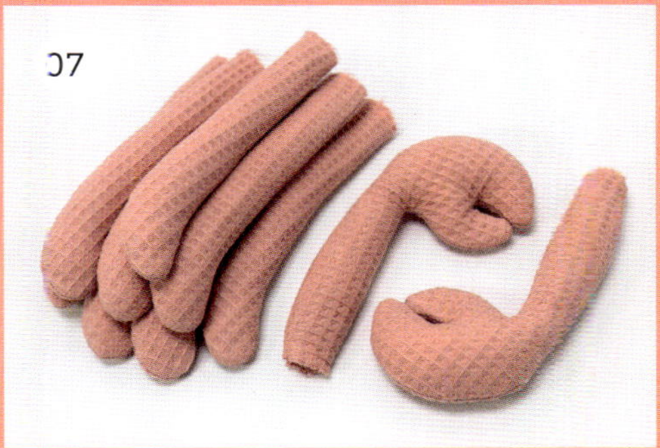

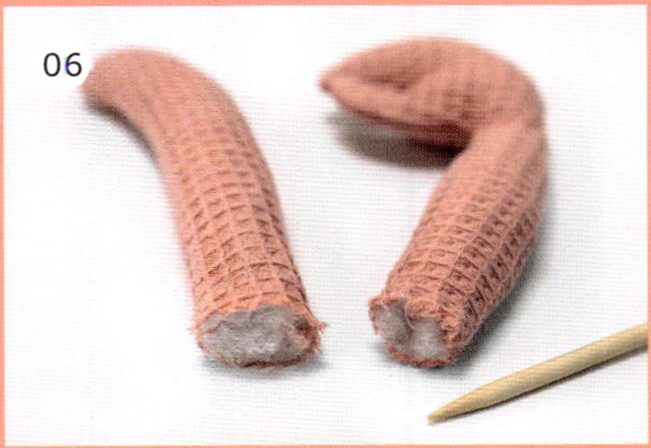

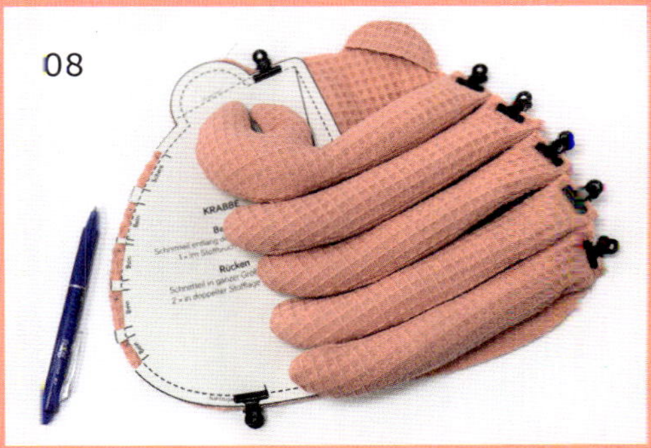

05 Für die Beine und Scheren positionierst du jeweils zwei Zuschnitte rechts auf rechts aufeinander und nähst sie rundherum mit 0,7 cm Nahtzugabe zusammen. Die untere Kante bleibt dabei jeweils zum Wenden offen. Schneide die Nahtzugaben an den Rundungen ein, vor allem bei den Scheren ist das wichtig!

06 Wende Beine und Scheren durch die Öffnung auf rechts, bügle sie in Form und fülle sie nach Belieben mit Füllwatte bis ca. 2 cm unterhalb der Öffnung.

07 Auf diese Weise nähst du acht Beine und zwei Scheren.

08 Übertrage mithilfe des Schnittmusters die Position von Scheren und Beinen auf den Rücken. Positioniere Scheren und Beine rechts auf rechts auf den Markierungen und nähe sie innerhalb der Nahtzugabe auf den Rücken.

WEITER GEHT'S

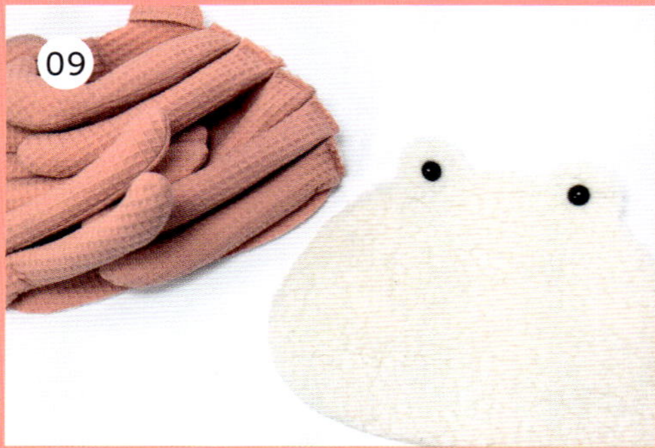

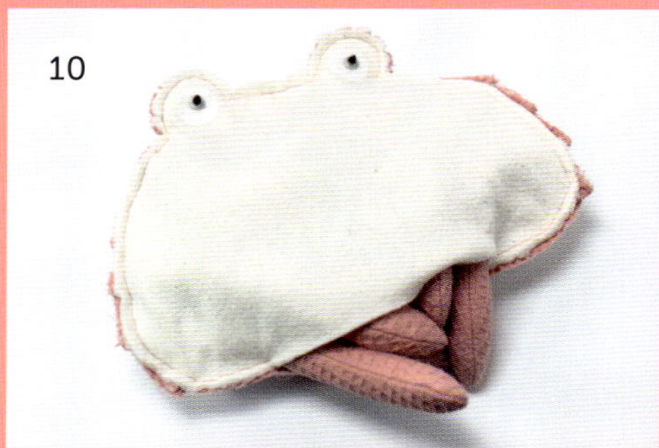

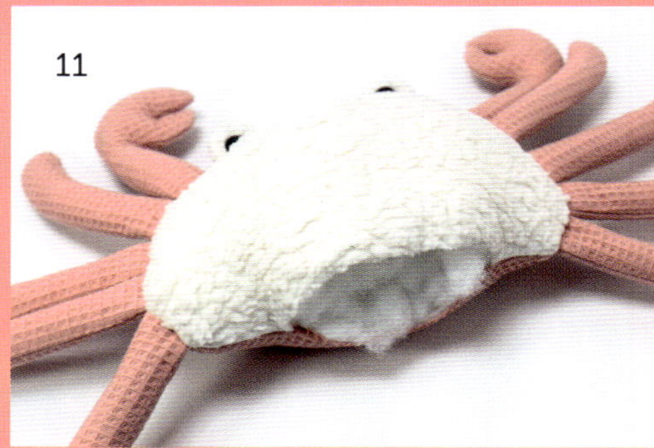

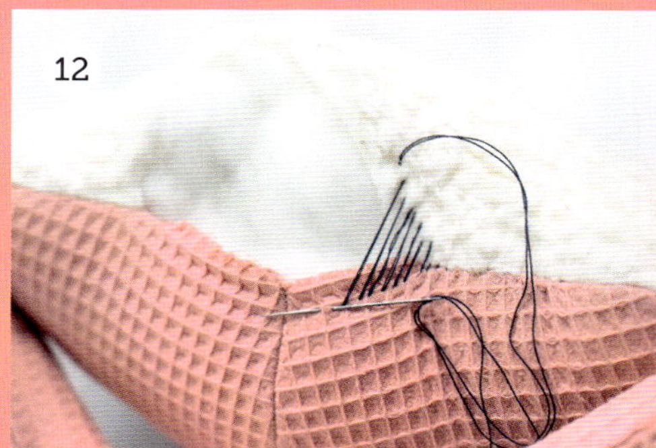

09 Bringe die Sicherheitsaugen markierungsgemäß auf dem Bauchteil an.

10 Stecke Bauch und Rücken rechts auf rechts zusammen, Beine und Scheren liegen dabei im Inneren. Nähe die Teile rundherum mit 0,7 cm Nahtzugabe zusammen uns lass dabei unbedingt eine Wendeöffnung an der unteren Kante!

11 Fasse durch die Öffnung ins Innere und wende die Krabbe auf rechts. Stopfe sie gleichmäßig mit Füllwatte.

12 Schließe anschließend die Wendeöffnung im Matratzenstich von Hand, wie auf Seite 19 beschrieben.

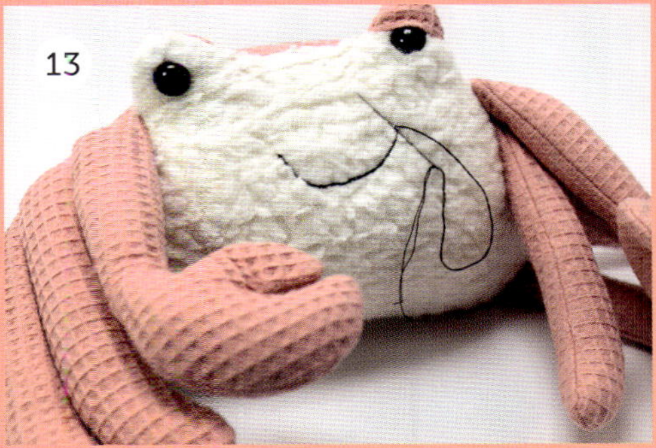

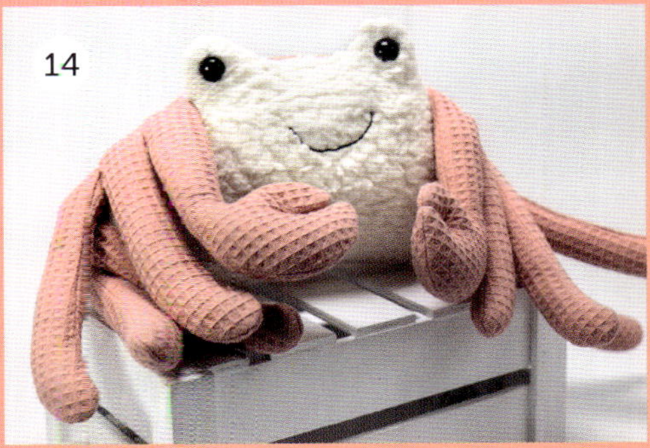

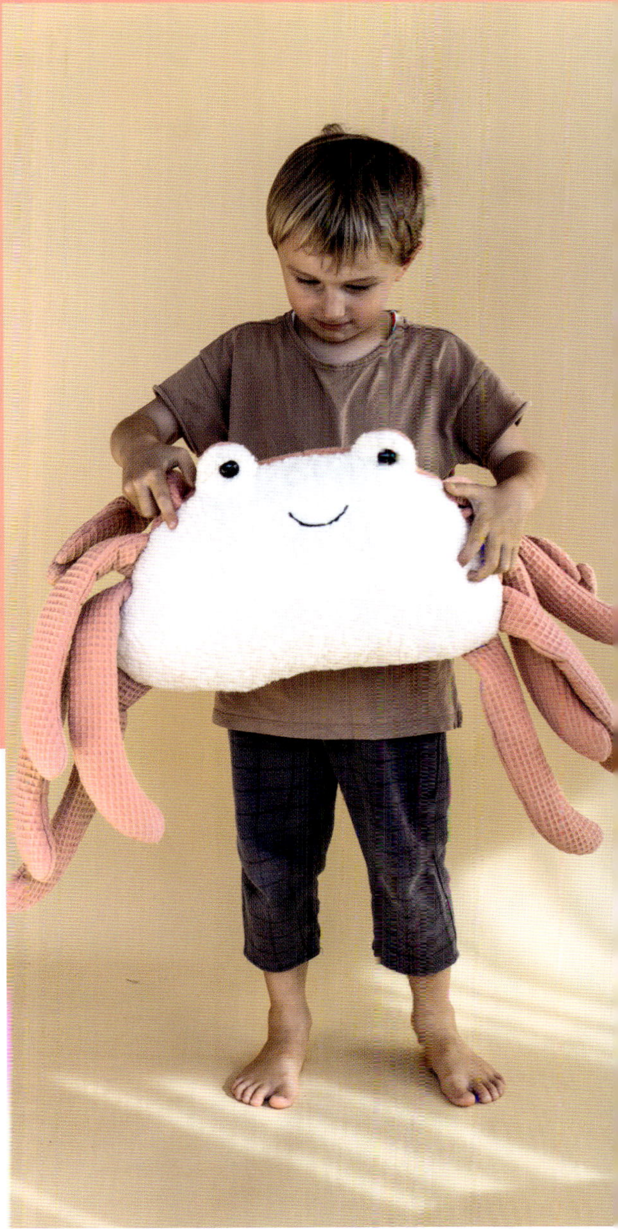

13 Nähe von Hand im Kettstich einen Mund auf, wie auf Seite 20 beschrieben.

14 Und fertig ist deine ganz persönliche Charakterkrabbe!

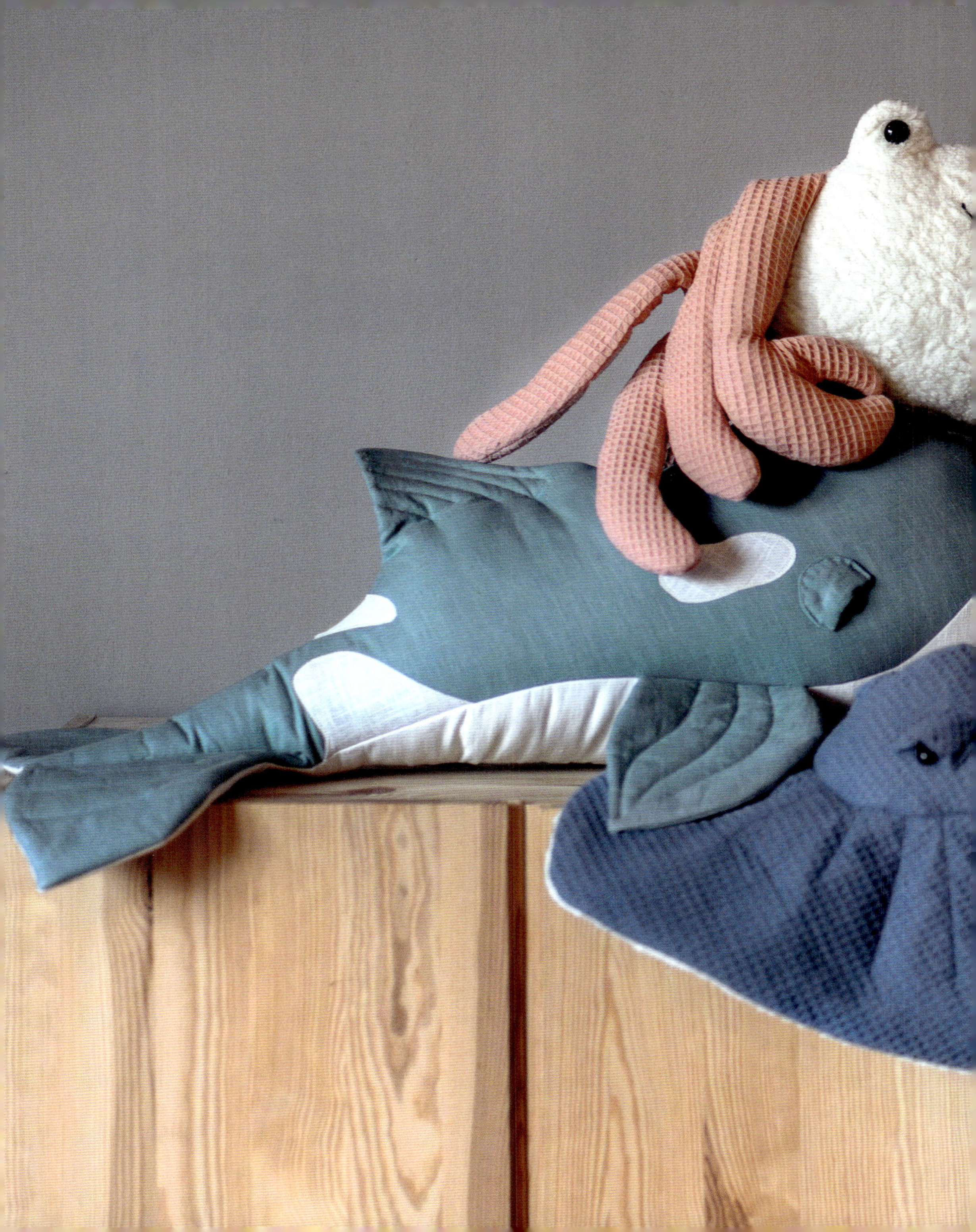

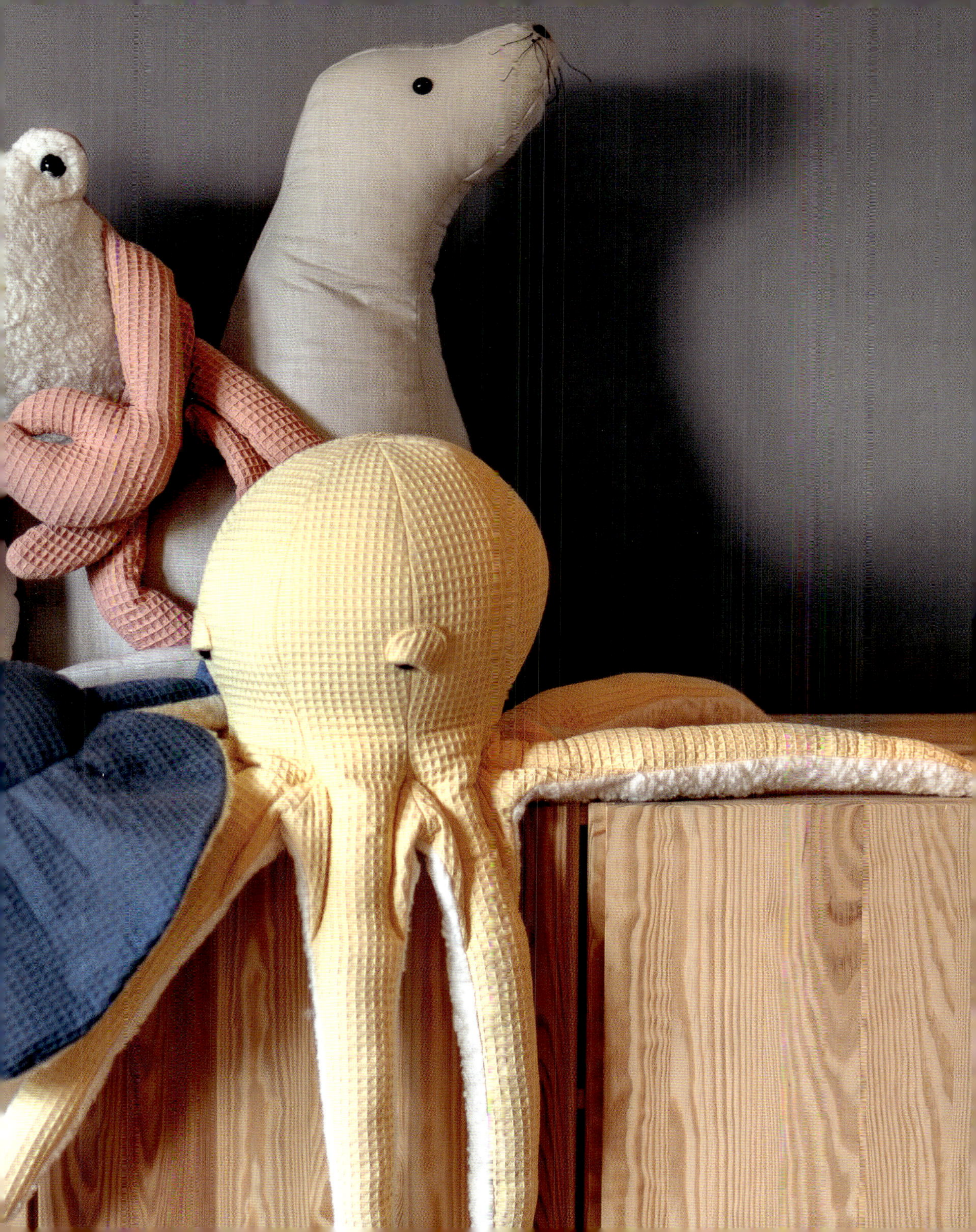

ORCA

Der Wal ist ein Verwandlungskünstler. Mit aufgenähten Flecken und großer Rückenflosse zieht er als Orca seine Kreise durch die Weiten des Kinderzimmers.

GRÖSSE

35 cm hoch (ohne Rückenflosse) × 85 cm lang

MATERIAL

- Leinen (in Türkis), 100 cm × 140 cm
- Leinen (in Offwhite), 70 cm × 140 cm
- Vlieseline H640, 110 cm × 150 cm
- 2 Sicherheitsaugen, Ø 18 mm
- Vliesofix, 30 cm × 30 cm
- 2 Powerdots (alternativ Filzreste)
- Füllwatte, ca. 900 g
- Passendes Nähgarn
- Gurtband, 20 mm breit, 28 cm (optional für Blauwal)

ZUSCHNITT

Aus Leinen (in Türkis)
2 × Körper gegengleich
4 × Flosse, je 2 × gegengleich

Aus Leinen (in Offwhite)
2 × Bauch gegengleich

Aus Volumenvlies
2 × Körper gegengleich
2 × Bauch gegengleich
2 × Flosse gegengleich
2 × Finne gegengleich
2 × Fluke gegengleich

Hinweis: *Das Schnittmuster enthält bereits 0,7 cm Nahtzugabe. Du brauchst nichts mehr zugeben!*

Du findest alle Teile auf Schnittmusterbogen 2.

BEVOR ES LOSGEHT

Bügle die Volumenvlieszuschnitte auf die Rückseiten der Zuschnitte für Körper und Bauch. Die übrigen Zuschnitte aus Volumenvlies werden später benötigt.

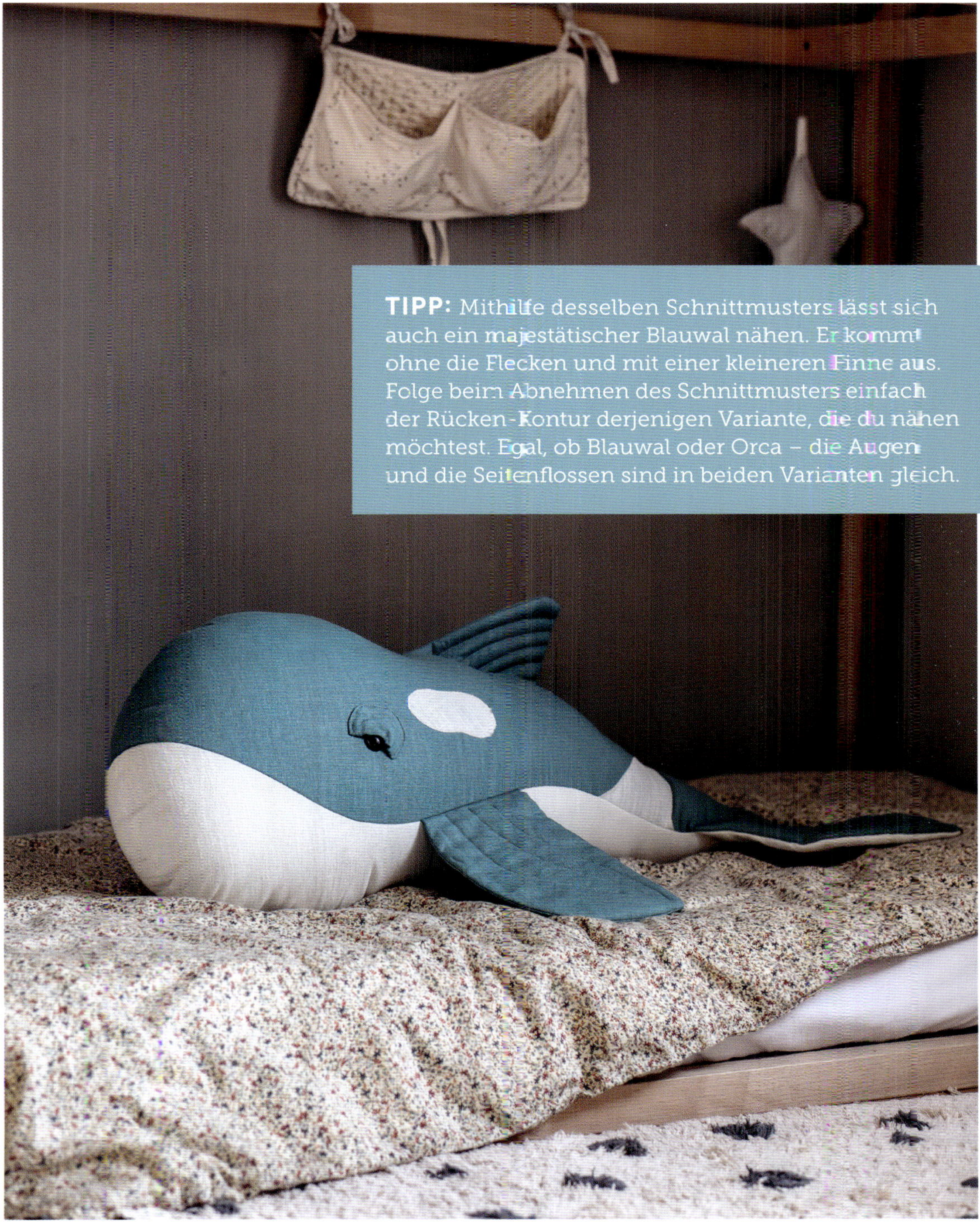

TIPP: Mithilfe desselben Schnittmusters lässt sich auch ein majestätischer Blauwal nähen. Er kommt ohne die Flecken und mit einer kleineren Finne aus. Folge beim Abnehmen des Schnittmusters einfach der Rücken-Kontur derjenigen Variante, die du nähen möchtest. Egal, ob Blauwal oder Orca – die Augen und die Seitenflossen sind in beiden Varianten gleich.

LOS GEHT'S

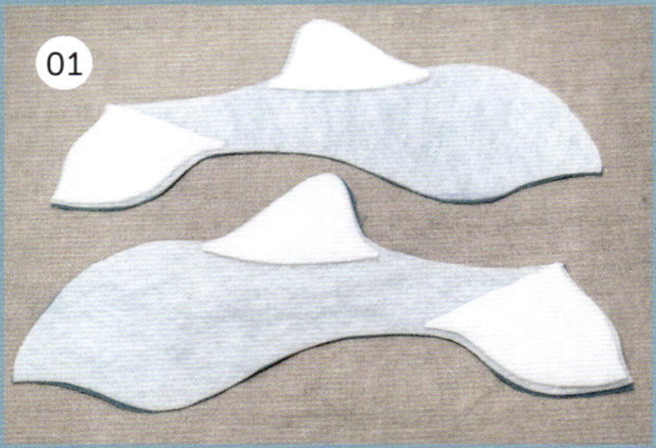

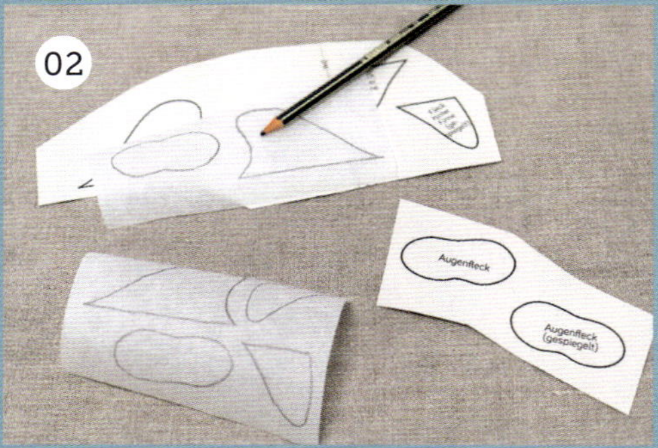

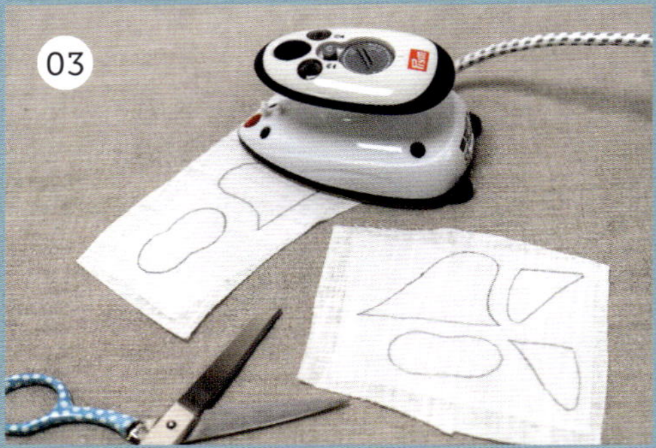

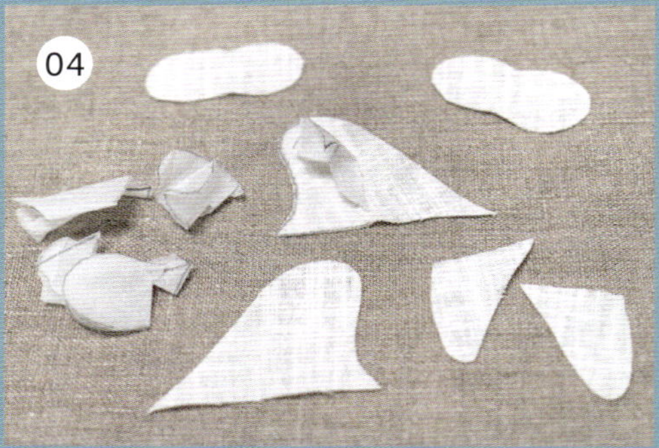

01 Positioniere die Volumenvlieszuschnitte für die Finne und die Fluke positionsgerecht auf den beiden Körper-Zuschnitten. Bügle sie anschließend fest.

02 Lege das Vliesofix so auf die Appliziervorlage, dass die raue Klebeseite zur Vorlage zeigt. Pause die Motivkonturen auf das Vliesofix ab. Beim Blauwal ist das nicht nötig.

03 Schneide die Teile grob aus. Bügle sie auf die Rückseite des weißen Leinenstoffs.

04 Jetzt die Teile exakt ausschneiden und das rückseitige Trägerpapier entfernen.

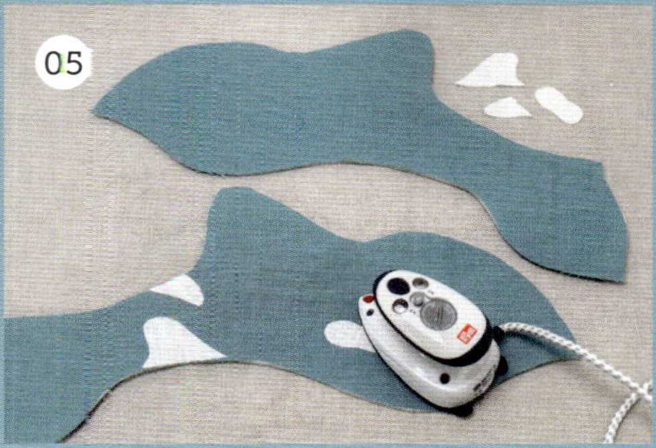

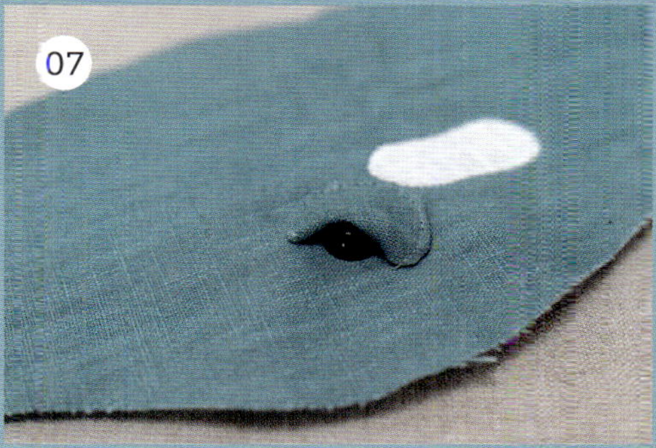

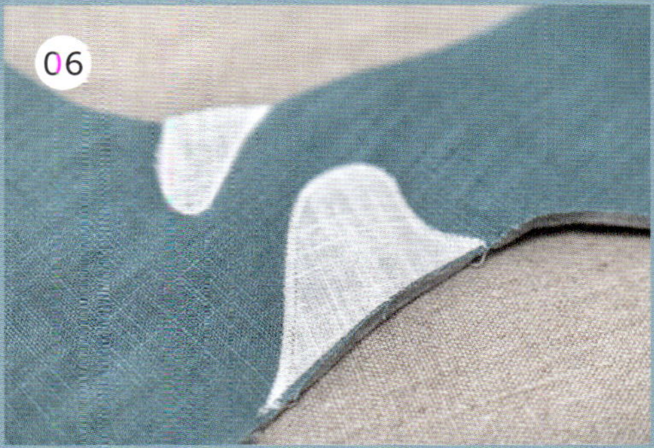

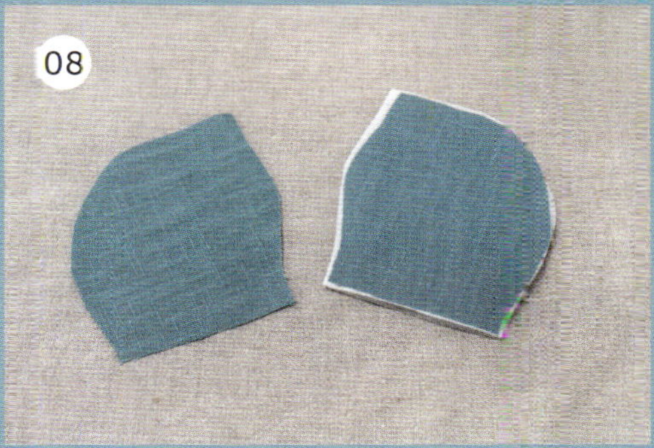

05 Bügle die Applizierteile positions-gerecht auf den beiden Zuschnitten für den Körper fest.

06 Umnähe die Konturen der Motive im Zickzackstich. Das fixiert sie und verhindert zugleich, dass die Schnittkanten ausfransen.

07 Fertige die Augenabdeckung an, wie im Grundlagenteil auf Seite 16 beschrieben. Nähe sie positionsgemäß auf die Körperteile. Bringe die Sicherheitsaugen so an, dass sie zur Hälfte unter der Augenabdeckung sitzen.

08 Jede Flosse besteht aus zwei Stoffzuschnitten. Verstärke einen von ihnen mit Volumenvlies

WEITER GEHT'S

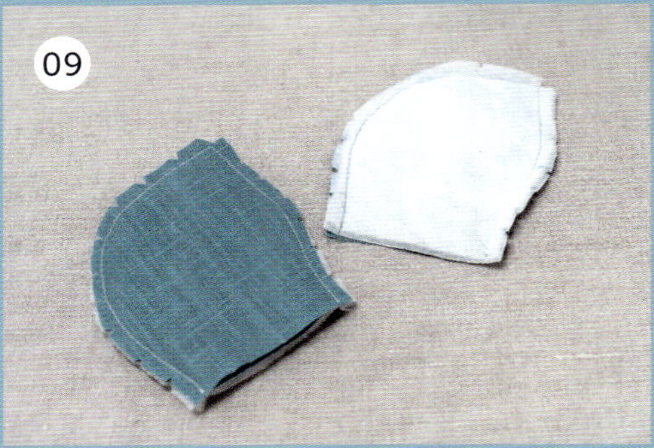

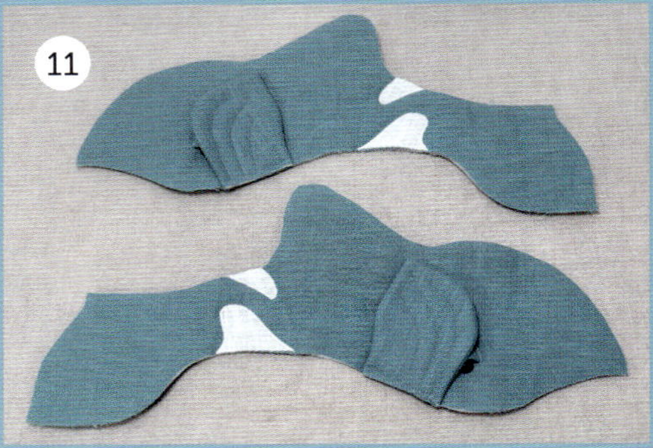

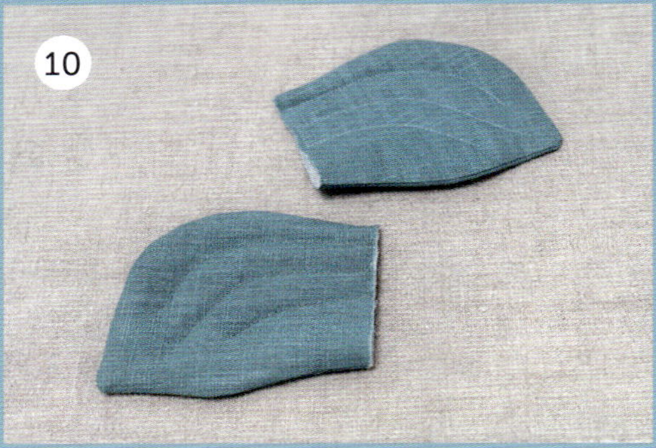

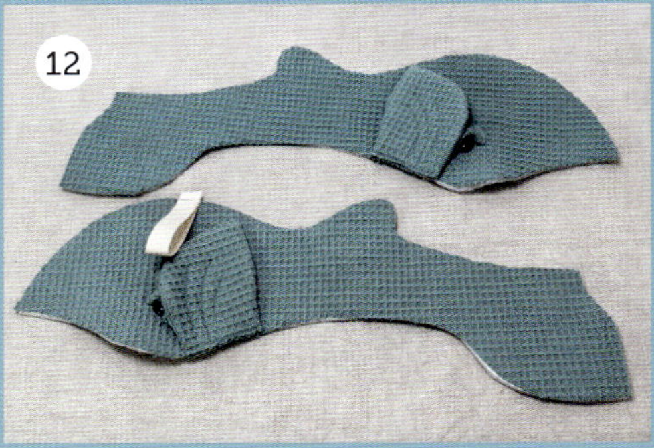

09 Nähe dann jeweils zwei Flossenteile (1 × verstärkt, 1 × unverstärkt) rechts auf rechts zusammen – die gerade Kante bleibt dabei offen.

10 Schneide die Nahtzugaben zurück bzw. an den Rundungen ein. Wende die Flossen auf rechts, forme sie sorgfältig aus und steppe sie von rechts ab.

11 Hefte die Flossen innerhalb der Nahtzugabe positionsgerecht auf die Körperteile.

12 Nur für den Blauwal: 28 cm Gurtband zur Schlaufe legen und rechts auf rechts auf eines der beiden Körperteile heften, wie im Schnittmuster markiert.

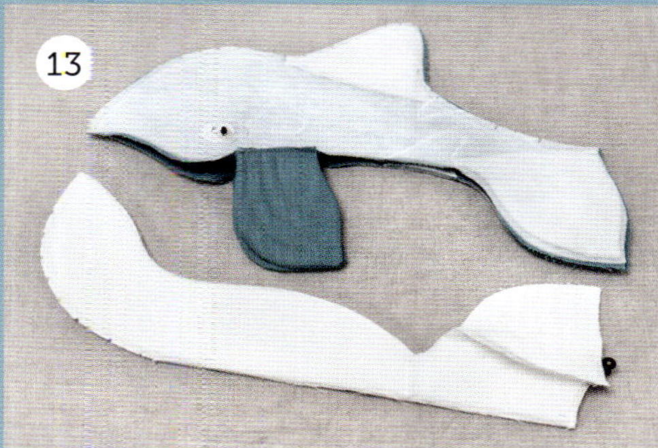

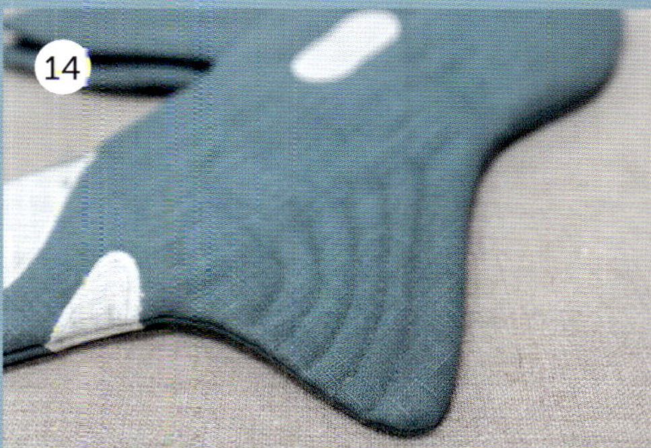

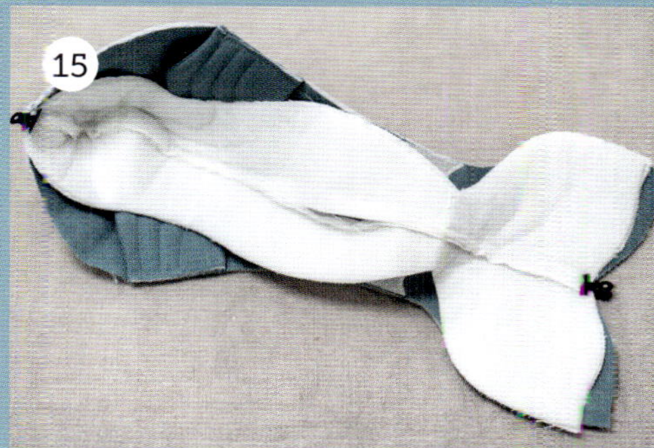

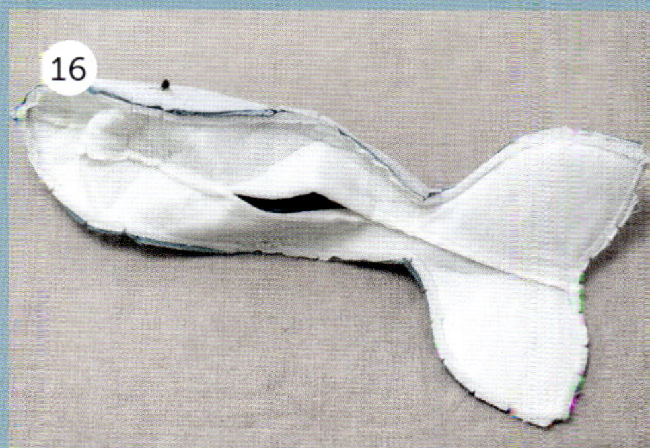

13 Nähe jeweils die beiden Körper- sowie die beiden Bauchzuschnitte rechts auf rechts zusammen. Wichtig: Lass am Bauch eine Wendeöffnung, wie im Schnittmuster markiert!

14 Schneide die Nahtzugaben an den Rundungen ein. Wende den Körper auf rechts, bügle die Finne in Form und steppe sie von rechts ab.

15 Stecke Bauch und Körper rechts auf rechts ineinander. Achte darauf, dass sich die Nähte an der vorderen und der hinteren Mitte treffen.

16 Nähe die Teile rundherum mit 0,7 cm Nahtzugabe zusammen.

WEITER GEHT'S

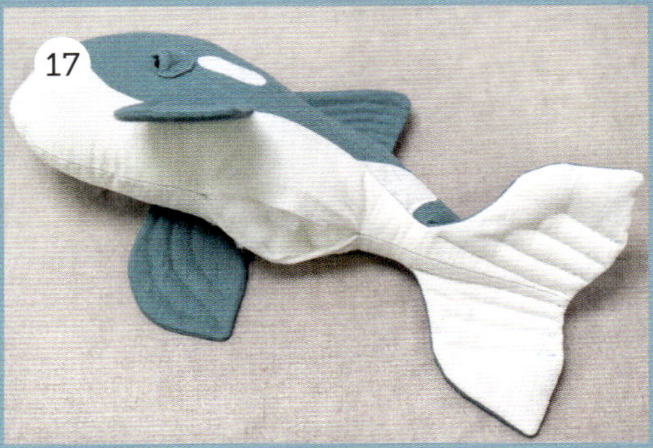

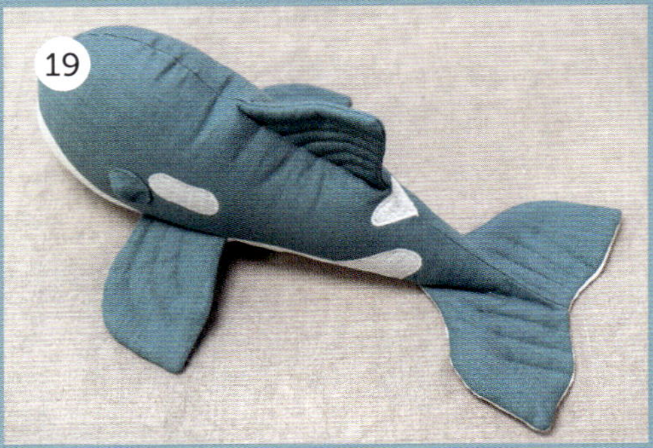

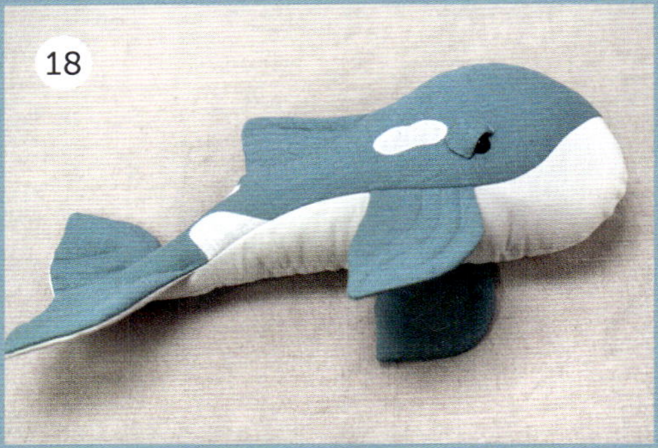

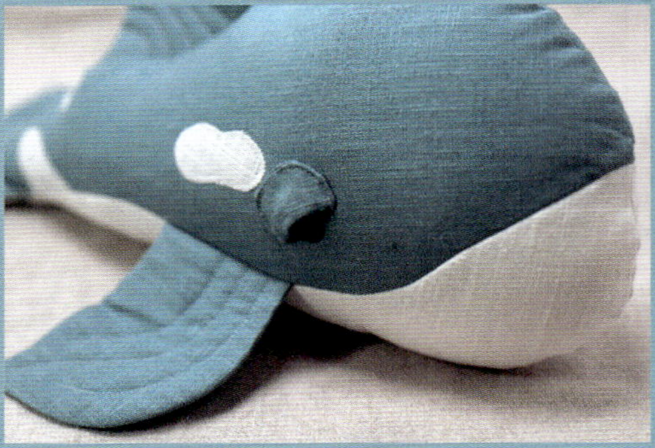

17 Wende den Orca durch die Bauchöffnung auf rechts. Forme ihn sorgfältig aus und steppe die Fluke, wie im Schnittmuster eingezeichnet, von rechts ab.

18 Fülle den Wal mit Füllwatte. Schließe die Wendeöffnung mit dem Matratzenstich von Hand, wie auf Seite 19 beschrieben.

19 Schon kann dein Orca das Kinderzimmer erobern!

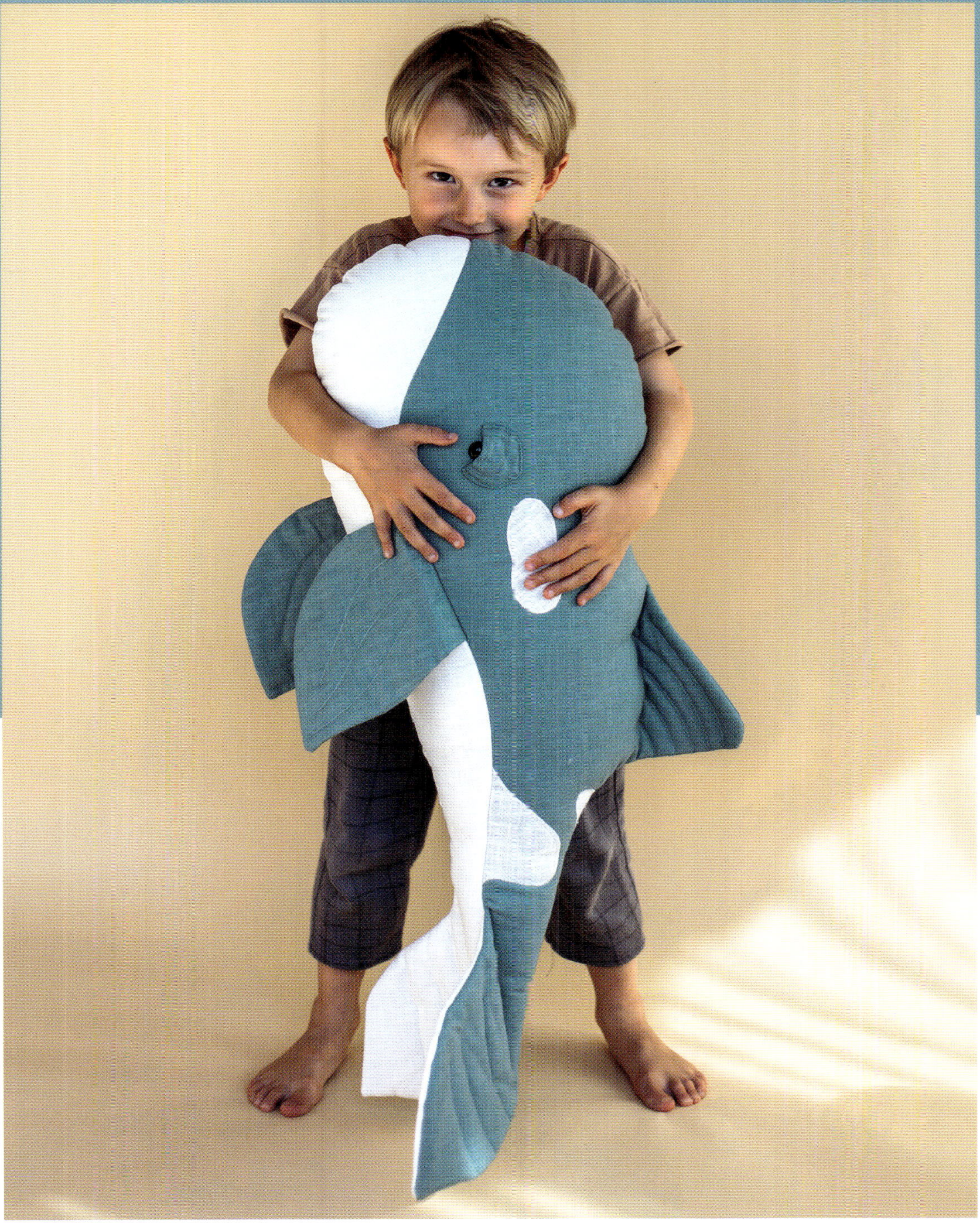

ROBBE

Wusstest du, dass Robben am liebsten in großen Gruppen leben? Sie spielen und unterhalten sich sogar lebhaft miteinander. Könnte also gut sein, dass du gleich mehrere Robben nähen musst. Zum Glück ist das gar nicht so aufwendig.

GRÖSSE

55 cm hoch × 60 cm lang
(ohne Schwanzflossen)

MATERIAL

- Leinen (in Beige), 120 cm × 140 cm
- Volumenvlies Vlieseline H640, 120 cm × 150 cm
- 2 Sicherheitsaugen, Ø 18 mm
- 1 Sicherheitsnase, Ø 18 mm
- Füllwatte, ca. 900 g
- Passendes Nähgarn
- Extra starkes Nähgarn in Schwarz
- Haushaltskerze aus Wachs

ZUSCHNITT

Aus Leinen

4 × Seitenflosse, je 2 × gegengleich
4 × Schwanzflosse, je 2 × gegengleich
2 × Körper gegengleich
2 × Boden gegengleich
1 × Rückenstreifen im Stoffbruch
1 × Halsstreifen im Stoffbruch

Aus Volumenvlies

2 × Körper gegengleich
2 × Boden gegengleich
1 × Rückenstreifen im Stoffbruch
1 × Halsstreifen im Stoffbruch
4 × Seitenflosse, je 2 × gegengleich
4 × Schwanzflosse, je 2 × gegengleich

Hinweis: *Das Schnittmuster enthält bereits 0,7 cm Nahtzugabe. Du brauchst nichts mehr zugeben!*
Du findest alle Teile auf Schnittmusterbogen 1.

BEVOR ES LOSGEHT

Bügle die Volumenvlieszuschnitte auf die Rückseiten aller Zuschnitte aus Leinen.

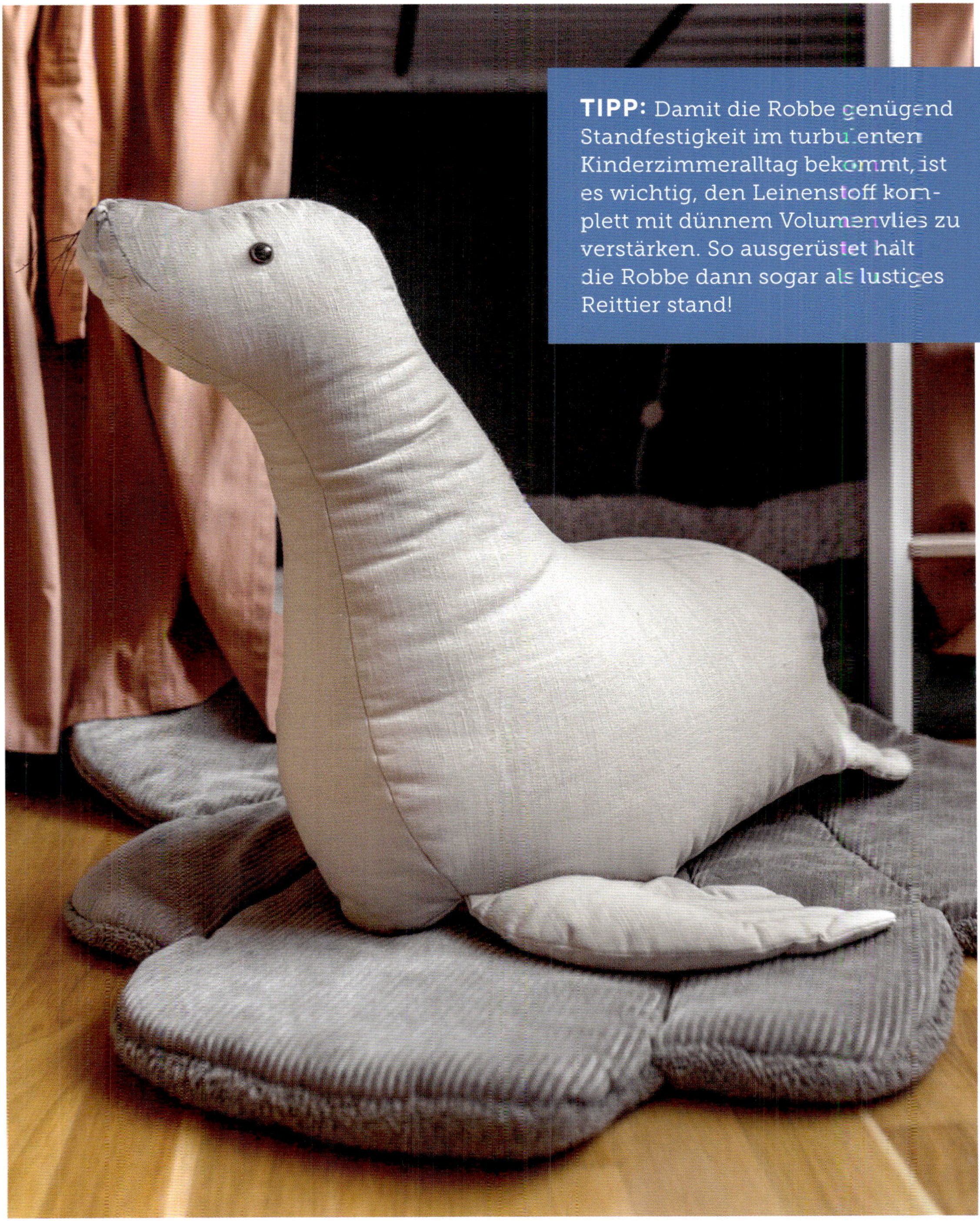

TIPP: Damit die Robbe genügend Standfestigkeit im turbulenten Kinderzimmeralltag bekommt, ist es wichtig, den Leinenstoff komplett mit dünnem Volumenvlies zu verstärken. So ausgerüstet hält die Robbe dann sogar als lustiges Reittier stand!

LOS GEHT'S

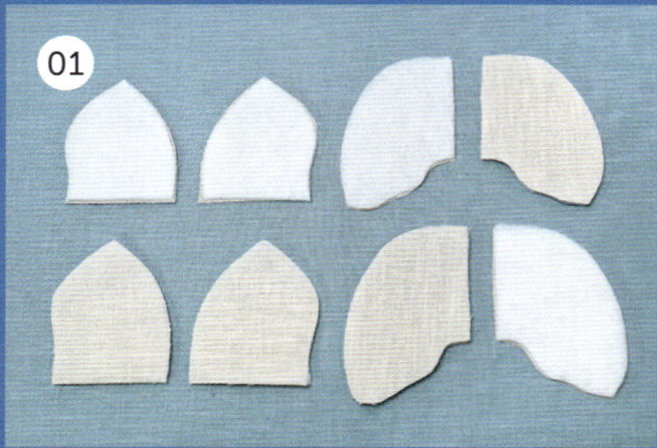

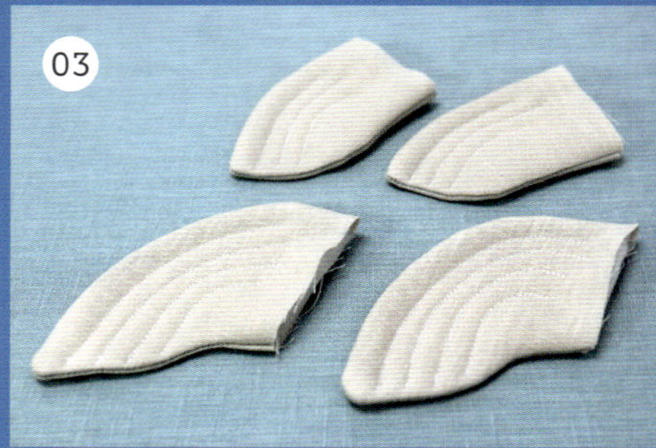

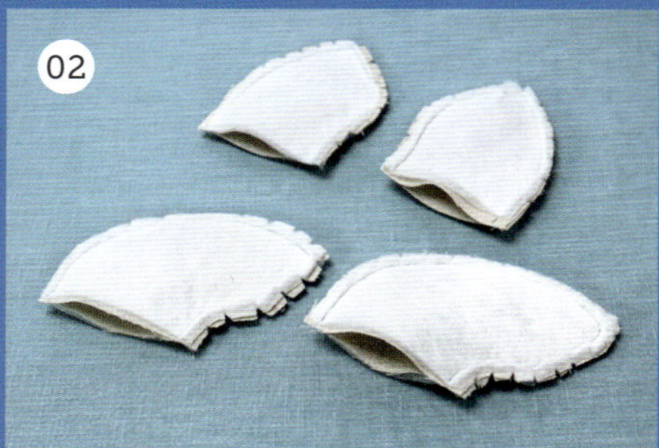

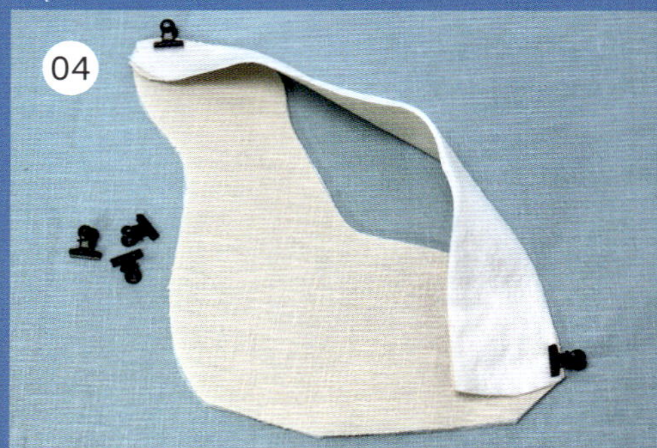

01 Stecke jeweils zwei Flossenteile rechts auf rechts aufeinander.

02 Steppe sie rundherum mit 0,7 cm Nahtzugabe zusammen, die geraden Kanten bleiben dabei jeweils offen zum Wenden.

03 Schneide die Nahtzugabe ein. Wende die Flossen auf rechts und forme sie sorgfältig aus. Durch das Volumenvlies haben die Flossen schon einen guten Stand. Möchtest du sie voluminöser gestalten (vor allem die Seitenflossen), kannst du sie nach Belieben zusätzlich mit etwas Füllwatte füllen. Steppe sie anschließend von rechts ab, wie im Schnittmuster eingezeichnet.

04 Stecke den Rückenstreifen rechts auf rechts an den Körper, sodass die Markierungen A und B jeweils aufeinandertreffen.

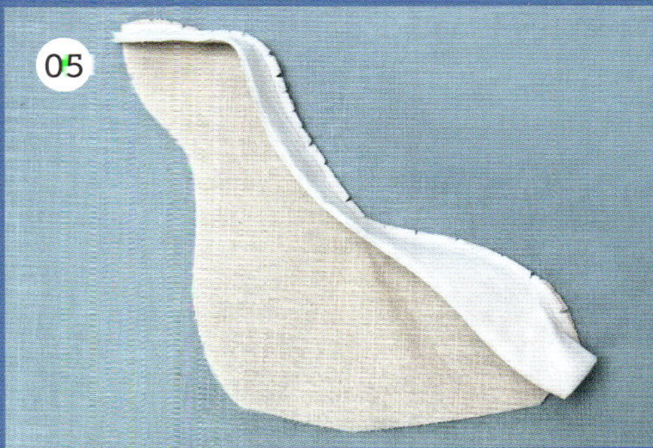

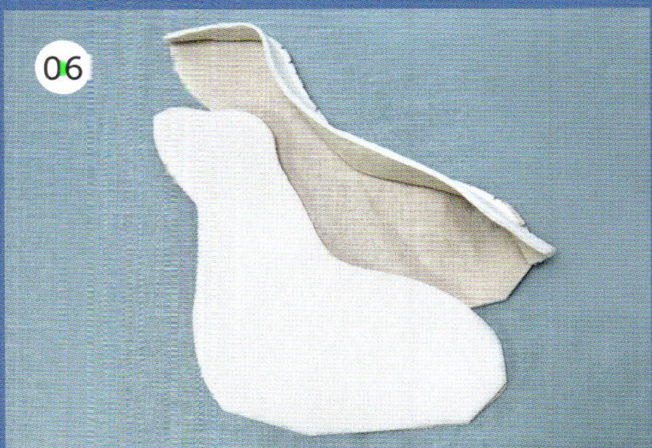

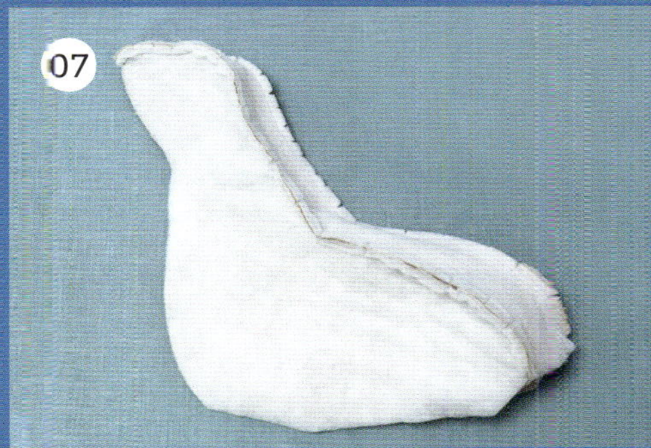

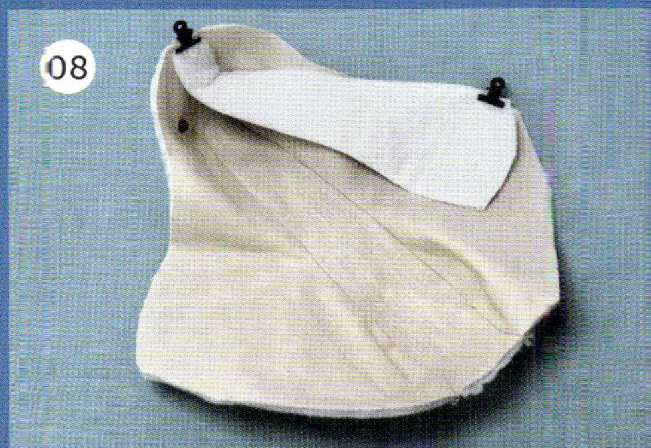

05 Nähe die Teile zwischen Markierung A und B mit 0,7 cm Nahtzugabe zusammen.

06 Stecke den zweiten Körperzuschnitt rechts auf rechts an die verbliebene Kante des Rückenstreifens

07 Steppe beide Teile anschließend aufeinander.

08 Wende die Robbe auf rechts, bügle die Nähte in Form und bringe die Sicherheitsaugen an, wie in der Grundanleitung auf Seite 18 beschrieben. Stecke den Halsstreifen rechts auf rechts an den Körper.

WEITER GEHT'S

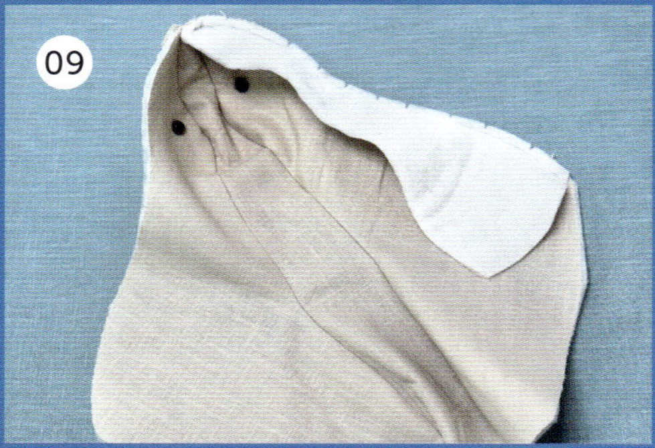

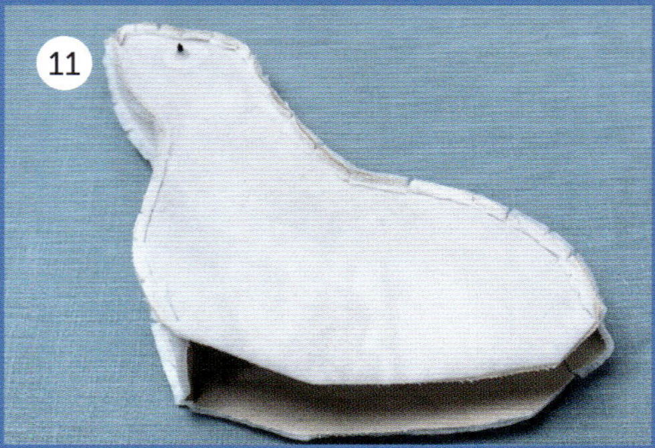

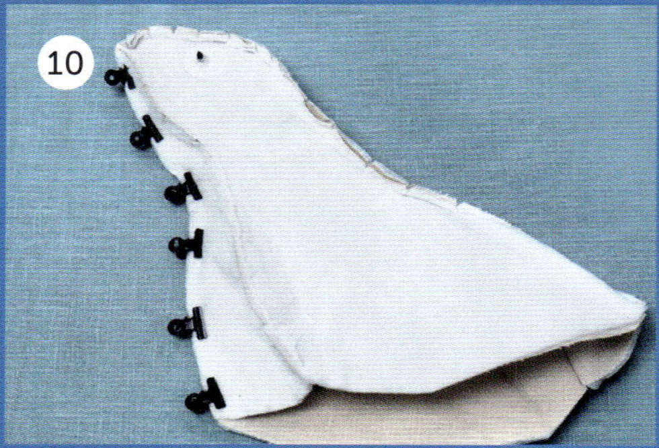

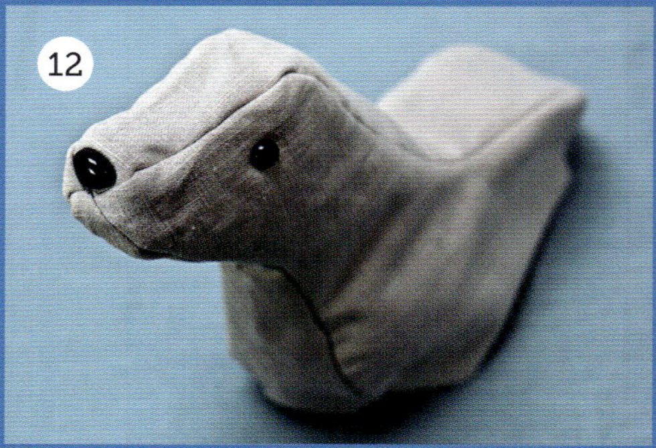

09 Nähe beide Teile zwischen Markierung A und C zusammen.

10 Wiederhole diesen Schritt auf der gegenüberliegenden Seite.

11 Nähe dann auch die zweite Kante des Halsstreifens an den Körper.

12 Wende die Robbe erneut auf rechts und bringe die Nase an.

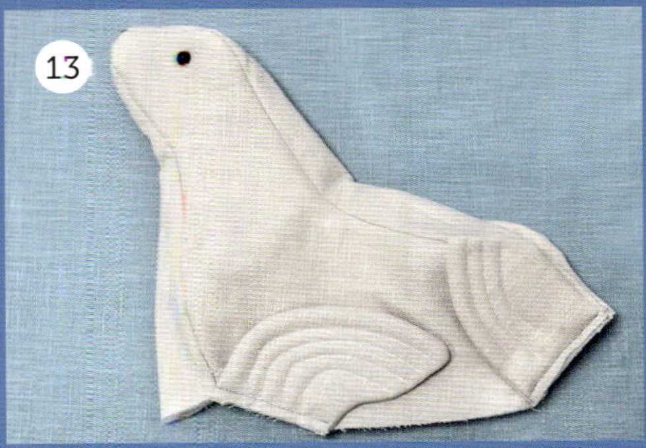

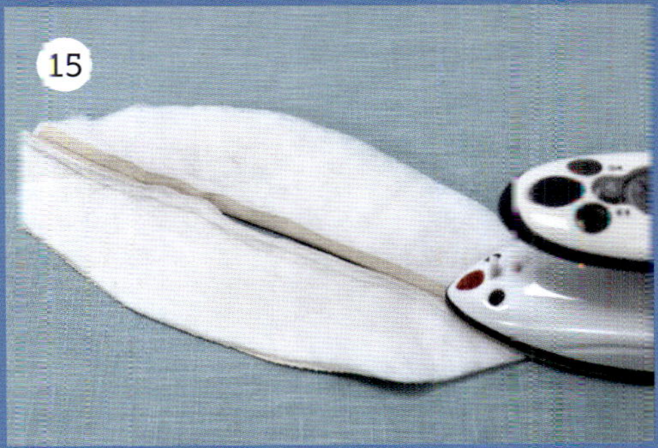

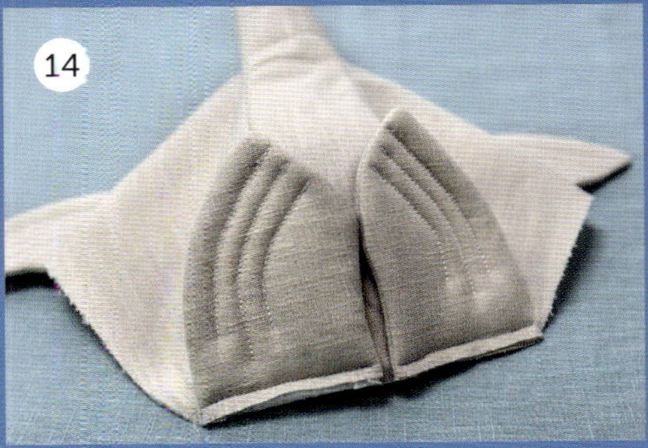

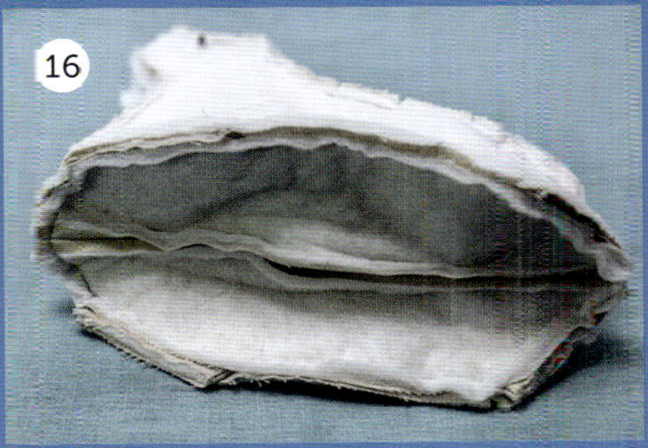

13 Hefte die Flossen markierungsgemäß rechts auf rechts an den Körper. Die Heftnaht verläuft innerhalb der Nahtzugabe.

14 Die Schwanzflossen verlaufen über die Nähte zwischen Körper und Rückenstreifen, zwischen ihnen bleibt ein kleiner Spalt.

15 Nähe die beiden Bodenzuschnitte rechts auf rechts entlang der Mittellinie zusammen. Vergiss dabei nicht, eine Öffnung zu lassen, wie im Schnittmuster markiert. Bügle die Nahtzugabe auseinander.

16 Stecke den Boden rechts auf rechts markierungsgemäß an den Körper, die Flossen liegen zwischen den Teilen. Nähe den Boden rundherum an.

WEITER GEHT'S

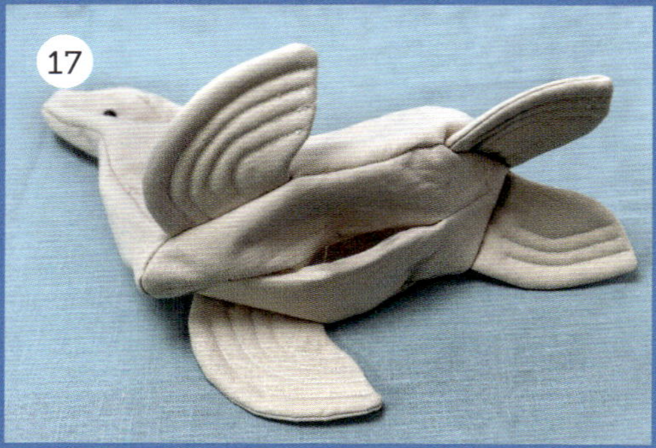

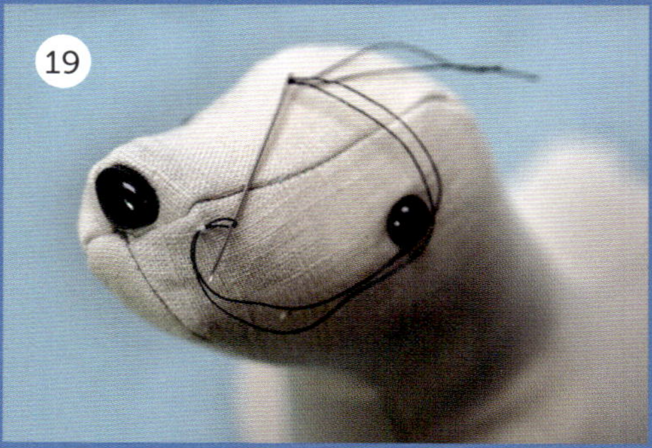

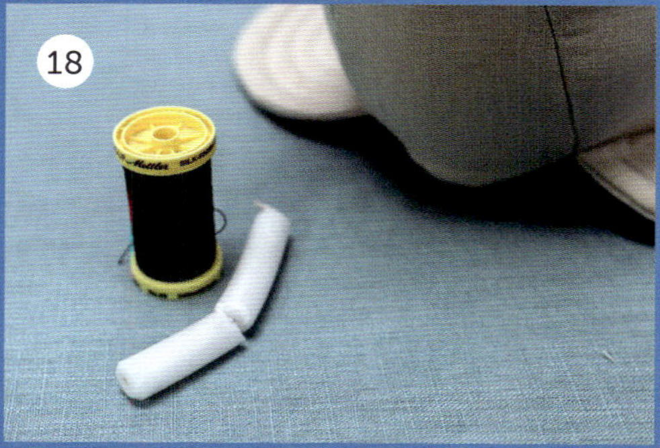

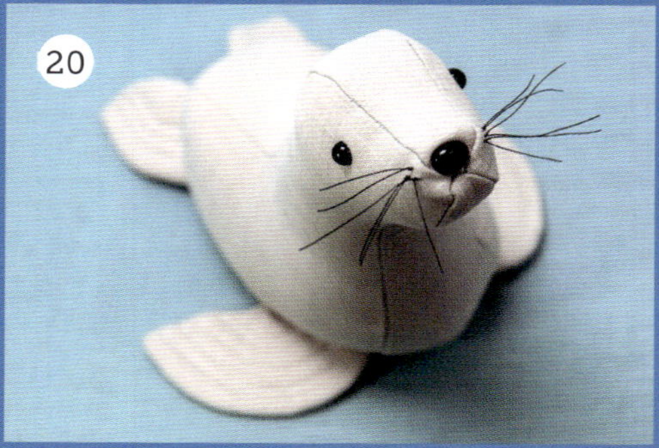

17 Fasse durch die Öffnung in die Robbe hinein, fasse die Schnauze und wende die Robbe auf rechts. Stopfe die Robbe mit Füllwatte aus. Schließe die Wendeöffnung mit dem Matratzenstich von Hand, wie auf Seite 19 beschrieben.

18 Nun fehlen nur noch die Schnurrhaare. Verwende dafür extra starkes Nähgarn in Schwarz, das du ein paar Mal straff über eine Wachskerze ziehst.

19 Das Garn lässt sich nun in Form bringen. Nimm den Faden doppelt in eine Nähnadel. Stich dort ein, wo das Schnurrhaar später sitzen soll. Fange die Garnschlaufe mit der Nadelspitze. Straffe den Faden und verknote ihn zur Sicherheit.

20 Faden bis auf 10 cm kürzen und zwischen den Fingern erwärmen, um ihn in Form zu bringen. Nach Belieben weitere Schnurrhaare setzen.

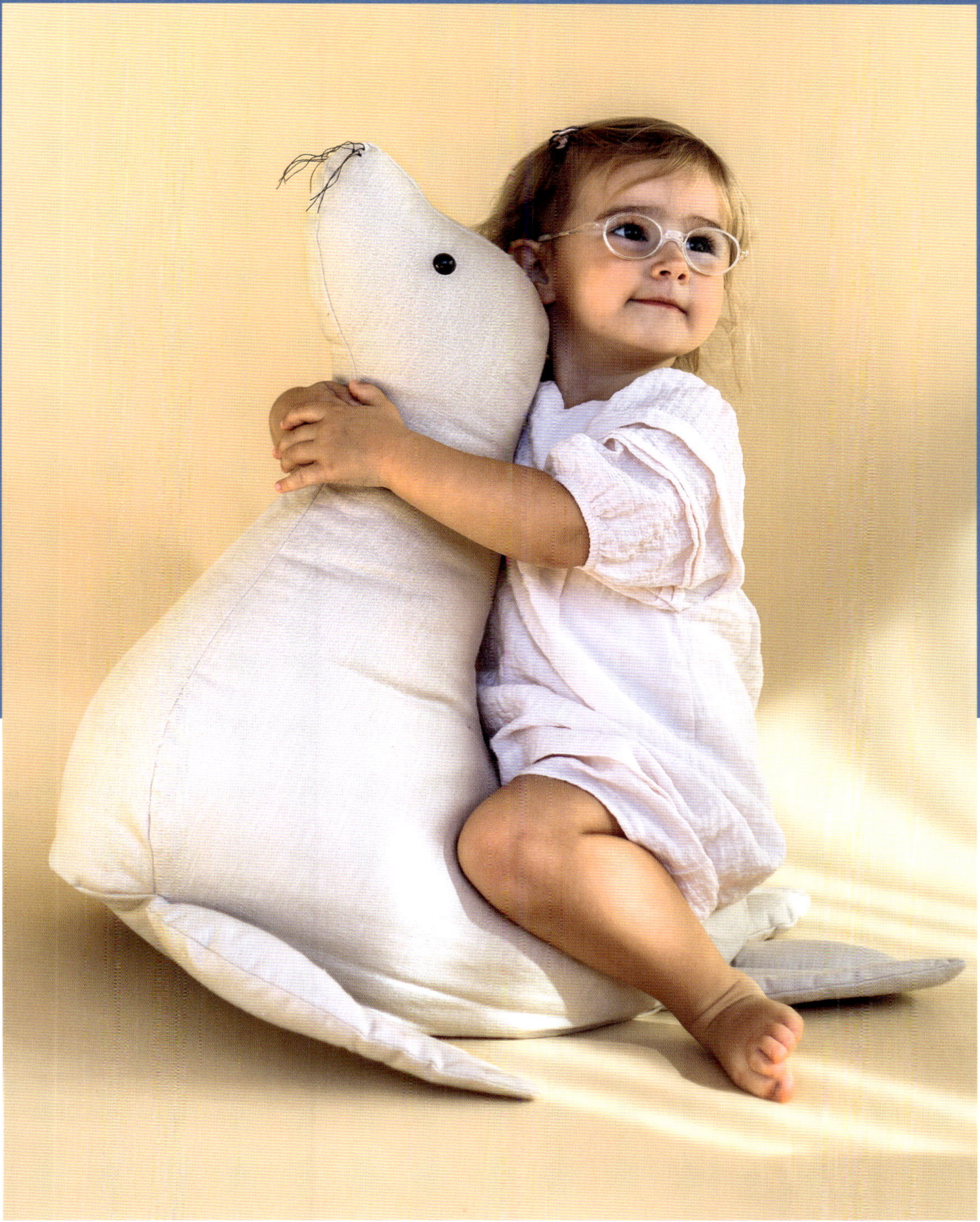

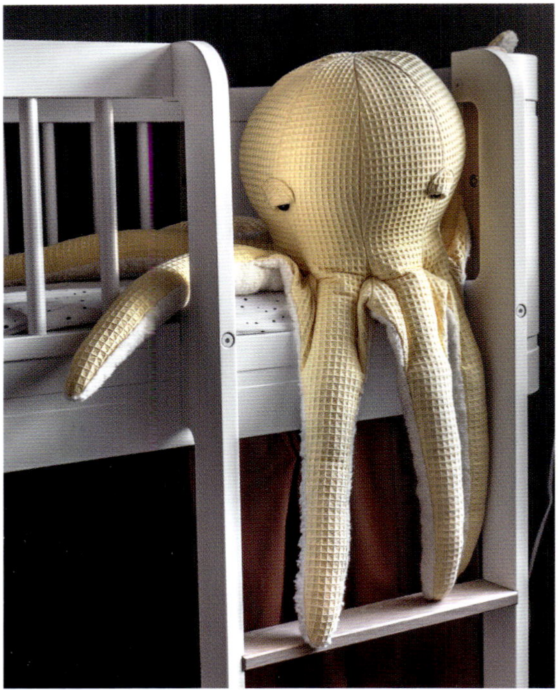
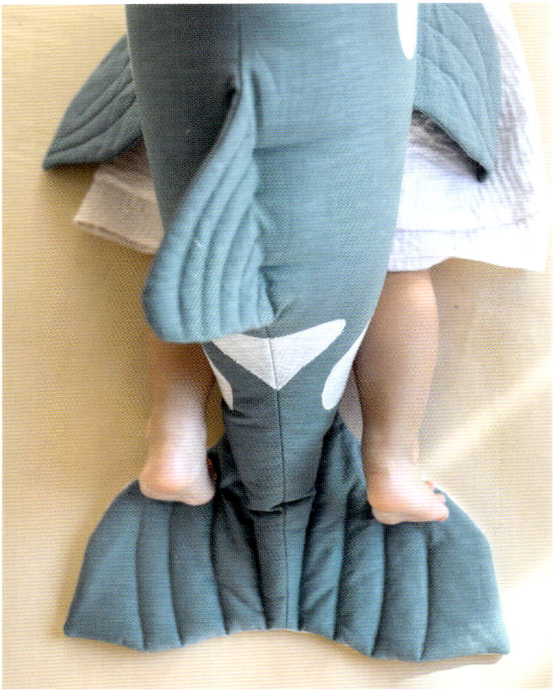
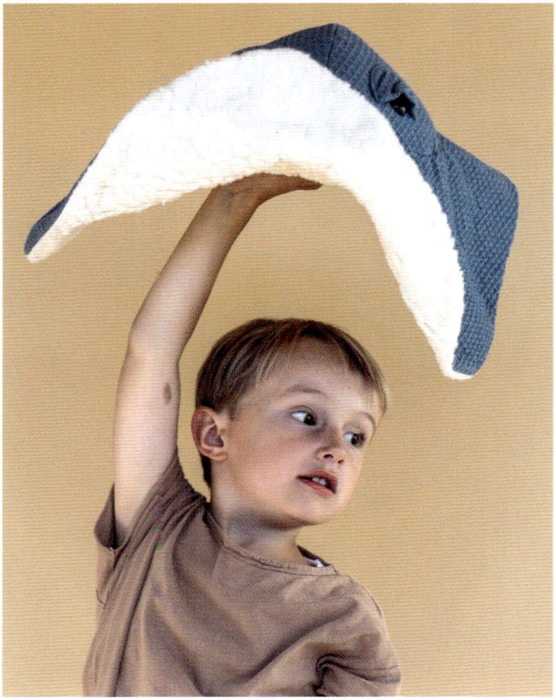
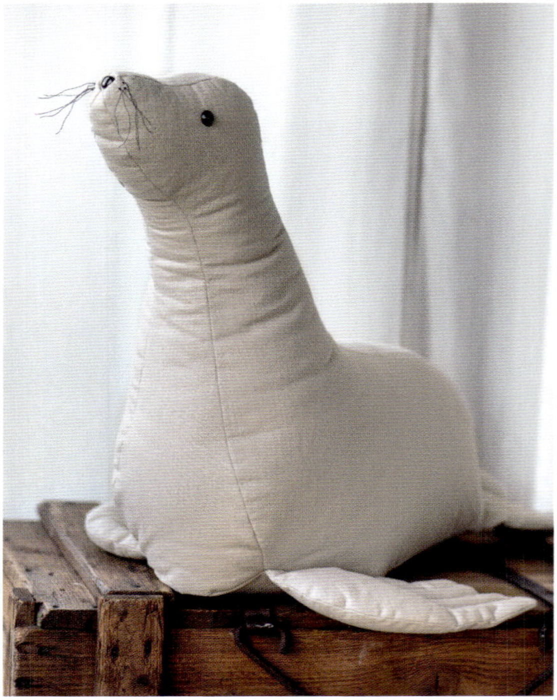

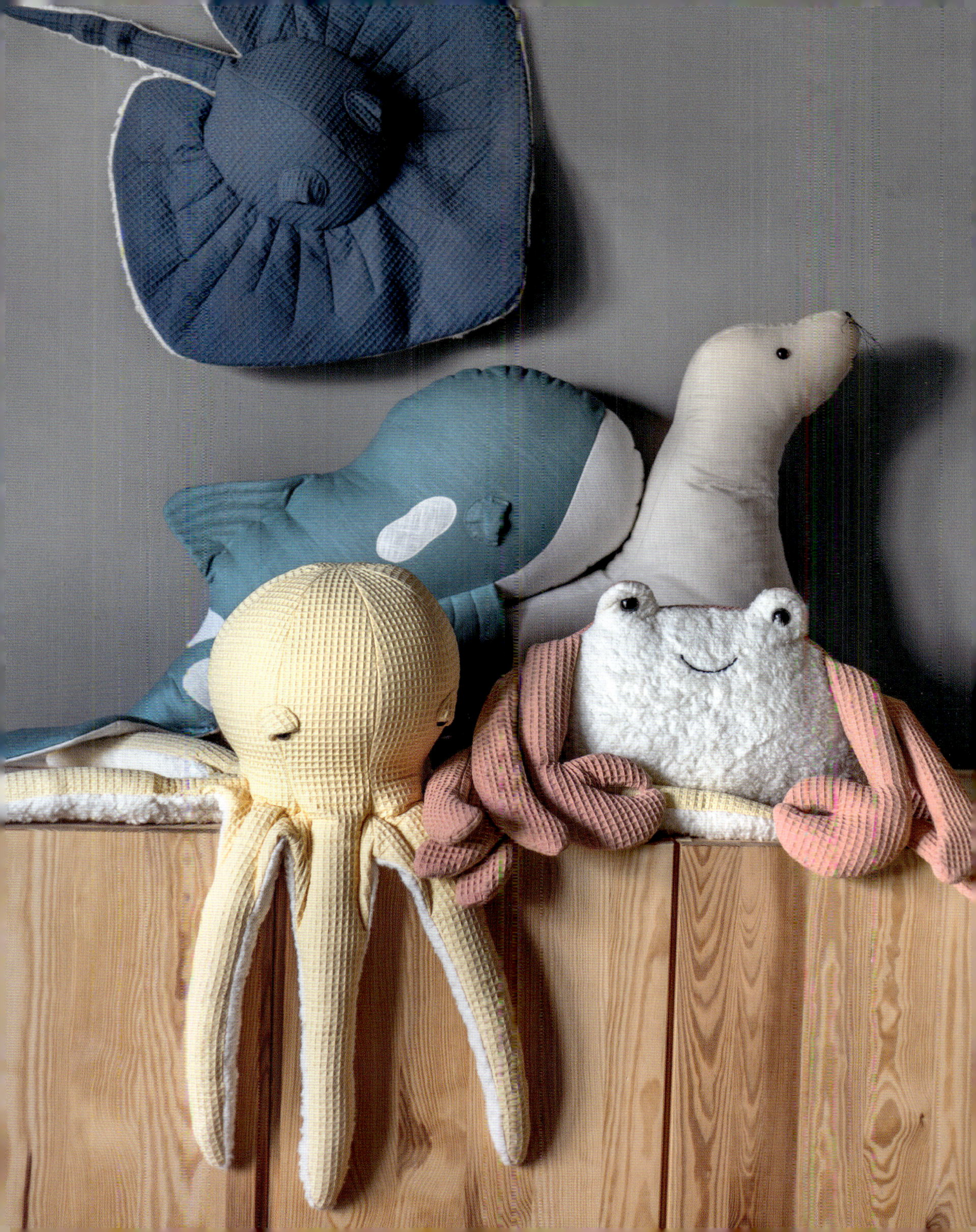

Über die Autorin

Franziska ist der kreative Kopf hinter dem Label „von Lange Hand". Ihre Liebe zum Nähen und Selbermachen begleitet sie schon seit ihrer Kindheit. Nähen, zeichnen, schreiben und entwerfen – das gehörte schon seit jeher zu ihrem Leben. Ebenso wie das fröhliche Gackern, Scharren, Meckern und Wiehern der Tiere auf dem Hof, auf dem sie aufgewachsen ist.

Irgendwann möchte sie an der Küste leben. Bis dieser Traum wahr wird, lässt sie sich von den Elbestränden inspirieren und betreibt in Dresden ihre Schnittmustermanufaktur. Schiffchen, Anker, Wale und alles, was ans Meer erinnert, ist ihr Ding. Über Neues aus ihrer Nähwerkstatt bloggt sie regelmäßig auf www.vonlangehand.de

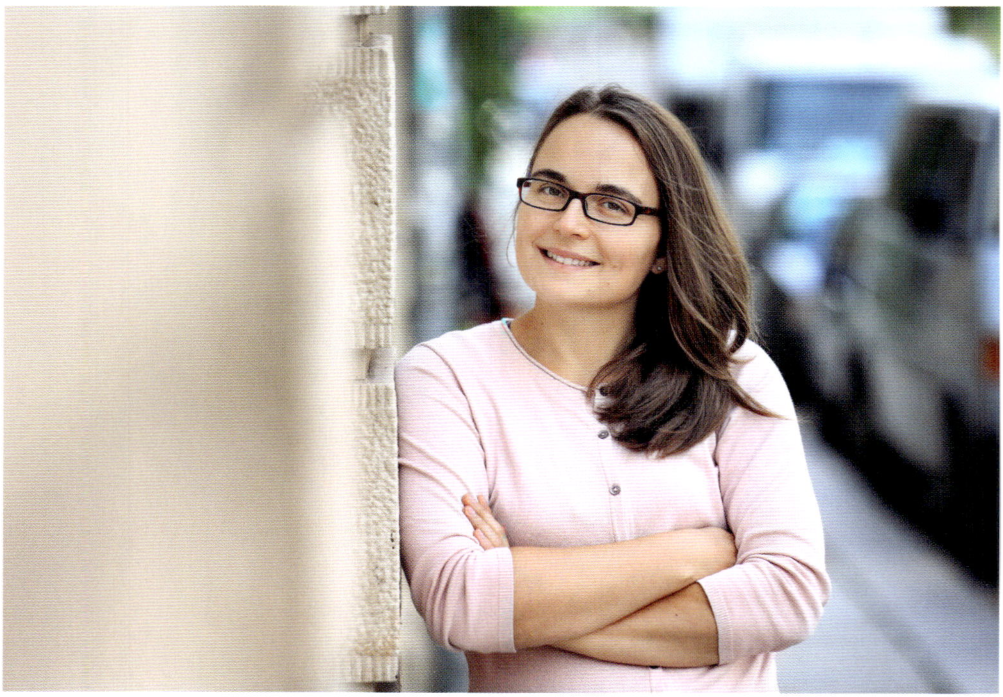

www.instagram.com/vonlangehand www.facebook.de/vonlangehand

Dank

Ein Nähbuch zu schreiben, bedeutet vor allem eines: Chaos soweit das Nähzimmer reicht. Überall liegt Stoff herum, genähte Prototypen und noch viel mehr Papier. In diesen Zeiten stapeln sich die Ideen bei mir. Und das überall. Mein größter Dank geht deshalb an meine Familie, vor allem an meinen großen Sohn, der nicht nur mein kreatives Durcheinander Wand an Wand geduldig erträgt, sondern auch der riesigen Kiste mit den Buchmodellen im XL-Format ein temporäres Zuhause in seinem Kinderzimmer gegeben hat.

Außerdem danke ich meinem kleinen Sohn und meiner wundervollen Tochter dafür, dass sie mir gezeigt haben, dass sich die Robbe nicht nur zum Kuscheln eignet, sondern auch ein wunderbares Reittier abgibt, und dass sie mit mir Ideen zu den Buchmodellen gesammelt haben. Und das Axolotl nähen wir auch irgendwann, versprochen!

Ein großes Dankeschön geht an meine Partner Buttinette und Mettler, die die Materialien für die Buchmodelle zur Verfügung gestellt haben. Ganz besonders bedanken möchte ich mich zudem bei Kurzwarenland, die in letzter Sekunde eingesprungen sind, als der Leinenstoff für die Robbe ausgegangen war.

Ohne das Vertrauen in meine Arbeit wäre dieses Buch nie entstanden. Vielen Dank der Edition Michael Fischer für den Sprung ins kalte Wasser mit mir, und ganz besonders an Saskia Reusch für die Projektkoordination und Martha Schnitger für die liebevollen Fotos.

Was wäre ein Buch ohne seine Leser*innen! Nichts! Deshalb geht ein großes Dankeschön an dich und alle, die dieses Buch gekauft haben. Danke auch den vielen Menschen da draußen, die meinen Blog lesen, meine Schnittmuster nähen und mir auf Instagram treu sind. Jede Nachricht, jedes Herz und jeder Kommentar sind mir Ansporn weiterzumachen. DANKE an jede*n einzelne*n draußen, ohne euch würde es „von Lange Hand" nicht geben!

Herstellernachweis

WWW.KURZWARENLAND.DE

Leinenstoffe in Unifarben

WWW.BUTTINETTE.COM

Waffelpiqué, Volumenvlies, Füllwatte, Sicherheitsaugen und -nasen

WWW.AMANN-METTLER.COM

Universal-Nähgarn „Seralon", Nähgarn aus recyceltem Polyester „Seracycle", Baumollnähgarn „Silk-Finish-Cotton", extra dickes Nähgarn „extra stark"

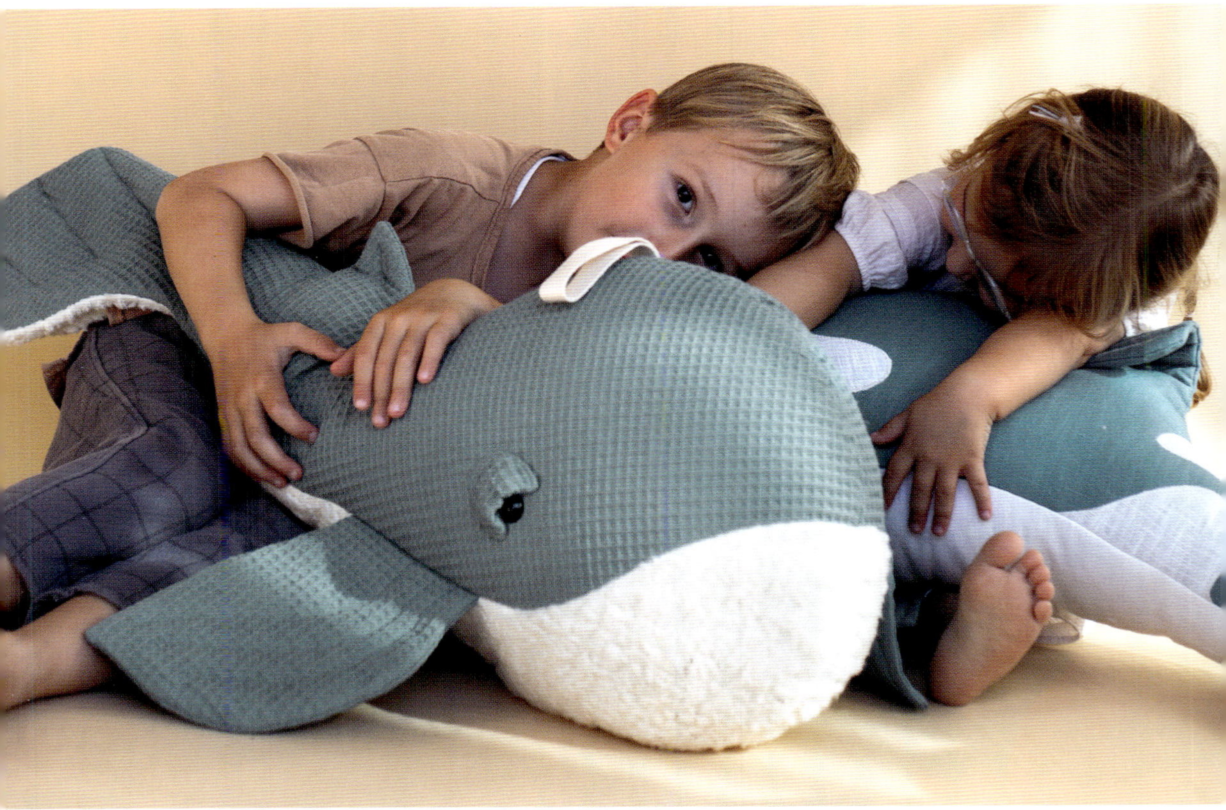

Noch mehr tolle Bücher!

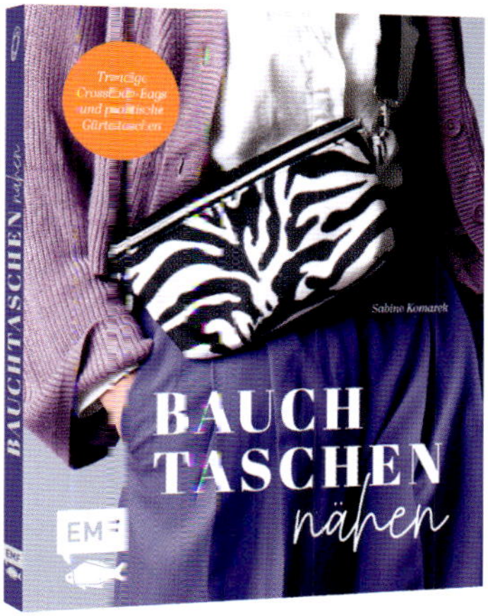

Bauchtaschen nähen
ISBN 978-3-7459-0950-0
€ 12,00 (D) / € 12,40 (A)

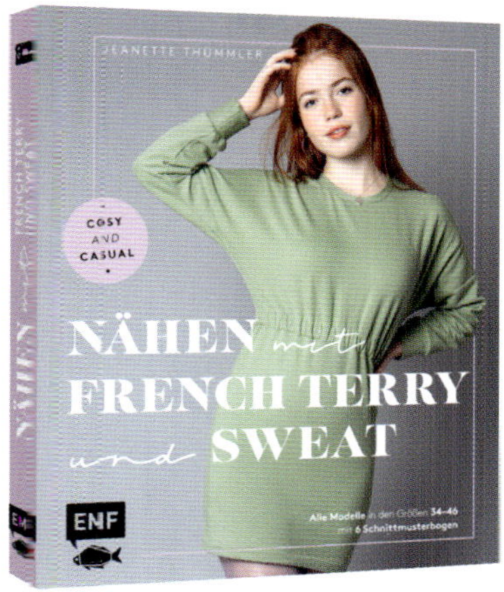

Nähen mit French Terry und Sweat
ISBN 978-3-7459-1559-4
€ 28,00 (D) / € 28,80 (A)

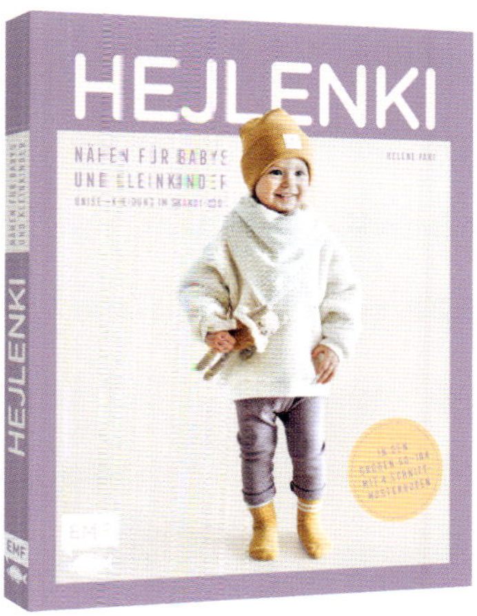

HEJLENKI – Nähen für Babys und Kleinkinder
ISBN 978-3-7459-1581-5
€ 28,00 (D) / € 28,80 (A)

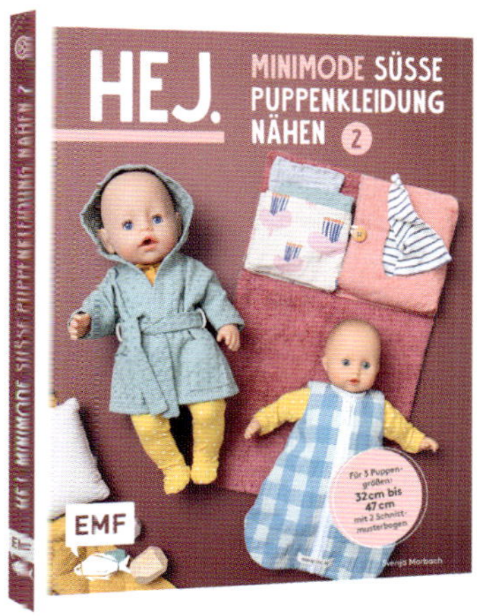

Hej. Minimode – Süße Puppenkleidung nähen 2
ISBN 978-3-7459-1360-6
€ 11,00 (D) / € 11,30 (A)

IMPRESSUM

Bibliografische Information der Deutschen Bibliothek.

Die Deutsche Bibliothek verzeichnet diese Publikation in der Deutschen Nationalbibliografie.

Detaillierte bibliografische Daten sind im Internet über http://www.dnb.de/ abrufbar.

EIN BUCH DER EDITION MICHAEL FISCHER

2. Auflage 2024

Cover, Layout & Satz: Silvia Keller
Redaktion & Lektorat: Saskia Reusch
Bilder: Projektfotos: ©Martha Schnitger, Frankfurt a. M.; Stepfotos: ©Franziska Lange, Dresden; Autorinnenfoto: ©Amac Garbe
Schnittmuster: Franziska Lange

ISBN 978-3-7459-2023-9

Gedruckt bei PNB Print SIA „Jansili", Silakrogs, Ropazu novads, LV-2133, Lettland

www.emf-verlag.de